Beck'sche Reihe
BsR 481

Mit den besten Wünschen
und herzlichen Grüßen

von
Gerhard A. Ritter

22.9.92

Mit Großforschung wird eine neue Form der Forschung bezeichnet, die auf der Teamarbeit einer großen Zahl von Wissenschaftlern aus verschiedenen Disziplinen in großen, komplexen Forschungseinrichtungen beruht. Die Herausbildung und Entwicklung dieser Großforschung in Deutschland seit dem Ende des 19. Jahrhunderts, und insbesondere der seit 1955 entstehenden Großforschungseinrichtungen, sowie ihr Verhältnis zum Staat, aber auch zur Wirtschaft, zur Gesellschaft und zu den traditionellen universitären und außeruniversitären Institutionen der Wissenschaft sind Gegenstand dieser Studie. Sie reicht bis in die Gegenwart, in der die Rolle der Großforschung beim Aufbau einer neuen Forschungslandschaft im vereinigten Deutschland erörtert wird.

Gerhard A. Ritter, geb. 1929, lehrt als o. Professor Neuere und Neueste Geschichte an der Universität München. Zahlreiche Veröffentlichungen, besonders zur Geschichte des Parlamentarismus und zur Arbeiterbewegung. Zuletzt Der Sozialstaat, [2]1991; Wahlen in Deutschland 1946–1991, 1991; (mit K. Tenfelde) Arbeiter im deutschen Kaiserreich 1871 bis 1914, 1992.

GERHARD A. RITTER

Großforschung und Staat in Deutschland

Ein historischer Überblick

VERLAG C.H.BECK MÜNCHEN

Mit 54 Abbildungen und 9 Tabellen und Schaubildern

Die Deutsche Bibliothek – CIP-Einheitsaufnahme

Ritter, Gerhard A.:
Großforschung und Staat in Deutschland : ein historischer Überblick / Gerhard A. Ritter. – Orig.- Ausg. – München : Beck, 1992
(Beck'sche Reihe ; 481)
ISBN 3 406 34073 3
NE: GT

Originalausgabe
ISBN 3 406 34073 3

Umschlagentwurf: Uwe Göbel, München
Umschlagbild: Das Titelbild zeigt den Tokamak ASDEX Upgrade am Max-Planck-Institut für Plasmaphysik in Garching bei München. Dieses Fusionsexperiment ging 1990 in Betrieb.

Gesamtherstellung: Appl, Wemding
Printed in Germany

Inhalt

Einleitung

1886 sprach der bedeutende Industrielle und Forscher Werner Siemens im Zirkus Renz, dem größten Berliner Versammlungsraum, vor 2700 Teilnehmern der „Gesellschaft deutscher Naturforscher und Ärzte" über das „Naturwissenschaftliche Zeitalter", dessen Schwelle die Menschheit eben übertreten habe: „Und so, meine Herren, wollen wir uns nicht irre machen lassen in unserem Glauben, daß unsere Forschungs- und Erfindungsthätigkeit die Menschheit höheren Kulturstufen zuführt, sie veredelt und idealen Bestrebungen zugänglicher macht, daß das hereinbrechende naturwissenschaftliche Zeitalter ihre Lebensnot, ihr Siechtum mindern, ihren Lebensgenuß erhöhen, sie besser, glücklicher und mit ihrem Geschick zufriedener machen wird. Und wenn wir auch nicht immer den Weg klar erkennen können, der zu diesen besseren Zuständen führt, so wollen wir doch an unserer Überzeugung festhalten, daß das Licht der Wahrheit, die wir erforschen, nicht auf Irrwege führen, und daß die Machtfülle, die es der Menschheit zuführt, sie nicht erniedrigen kann, sondern sie auf eine höhere Stufe des Daseins erheben muß!"[1]

Die Fortschrittsgläubigkeit und die Wissenschafts- und Technikeuphorie, die aus diesen Worten sprechen und für die sich viele Parallelen bei den Zeitgenossen finden lassen,[2] sind uns heute sehr fremd geworden. Nach der industriellen Massenvernichtung von Millionen von Menschen in den Gaskammern des Dritten Reiches und dem Abwurf der ersten Atombomben 1945 wissen wir, daß die Gefahr, Irrwege zu gehen und die durch die moderne Wissenschaft und Technik gegebene Machtfülle zu mißbrauchen, viel größer ist, als Siemens annahm. Spätestens seit der intensiven Diskussion um ökologische Probleme und die „Grenzen des Wachstums", die Ende der 1960er Jahre einsetzte, wissen wir aber auch, daß nicht nur der bewußte Mißbrauch von Wissenschaft und Technik zu befürchten ist, sondern daß der wissenschaftliche und technische Fortschritt als solcher ambivalent ist und daß auch Forschungen, die nur das Wohl der Menschheit fördern wollen, unvorhergesehene Risiken und potentiell furchtbare Konsequenzen für das Weiterleben oder die Freiheit und Würde der Menschen bergen können.

So ist die Euphorie der 1950er Jahre über die bevorstehende dauerhafte Lösung der Energieprobleme der Menschheit durch die zivile Nutzung der Kernenergie einer weitverbreiteten Skepsis über die Grenzen ihrer Anwendungsmöglichkeiten und der Furcht vor der mangelnden Kontrolle der Kerntechnik gewichen. Die ungeheuren Möglichkeiten der modernen Informationstechnik und Datenverarbeitung wecken Ängste vor dem „gläsernen Menschen", der keine private Sphäre mehr behaupten kann und dem Zugriff staatlicher Überwachungsinstitutionen, aber auch der Manipulierung und Steuerung seines Konsumverhaltens und seiner politischen Einstellung durch die immer wirksameren Massenmedien ausgesetzt ist. Viele stellen den Sinn der Raumfahrtforschung, vor allem der bemannten Raumfahrt, nicht nur wegen ihrer hohen Kosten, sondern auch wegen der damit verbundenen Verschärfung der Auseinandersetzungen konkurrierender Mächte in Frage. In der Gentechnologie sind neben den großen Chancen zur effektiveren Bekämpfung von Krankheiten wie Krebs und Aids, zur besseren Versorgung der Menschheit mit tierischen und pflanzlichen Produkten und zur Beseitigung von Schadstoffen, die die Umwelt belasten, auch die großen Risiken – die Zerstörung der Artenvielfalt unserer Lebenswelt und die „Züchtung des Menschen" – immer bewußter geworden. Die öffentliche Diskussion über die von vielen befürchtete Klimakatastrophe und die anderen Gefahren, die dem labilen Ökosystem Erde drohen, macht deutlich, daß wirtschaftliches Wachstum und wissenschaftlicher Fortschritt in der Erkenntnis der Welt und der Ausnutzung der Ressourcen unseres und vielleicht auch bald anderer Planeten für den Menschen von vielen eher als Fluch denn als Segen gesehen werden.

Es gibt aber – nicht zuletzt wegen der explosionsartig gewachsenen Bevölkerung der Erde und der bereits weitgehend veränderten Natur, die heute die Lebensgrundlage der Menschheit bildet – keinen Weg zurück. Fast alle Wissenschaftler akzeptieren heute, daß man nicht alles machen darf, was man machen kann, daß die Abschätzung der möglichen negativen Folgen der technologischen Entwicklung und die Etablierung von ‚Frühwarnsystemen' gegen diese zu den Aufgaben der Wissenschaft gehören und daß die Autonomie und Freiheit der Forschung mit deren Verantwortung vor der Gesellschaft verbunden sein müssen. Das Dilemma liegt aber gerade darin, daß die klare Abwägung der möglichen Nutzen und der möglichen Gefahren wissenschaftlicher und technischer Entwicklungen einen Wissensstand voraussetzt, der am Anfang neuer Forschungen nicht gegeben ist, daß aber im weiteren Verlauf besonders von kostenintensiven Forschungen mit der wachsenden Einsicht in mögliche negative Folgen auch die Eigendynamik der wissenschaftlichen und technischen Entwicklung zunimmt und dieser Prozeß immer schwerer zu stoppen ist.

Es hängt mit dem Wesen der Wissenschaft und ihrer innovativen Kraft zusammen, daß ihre Zukunft und die von ihr zu erwartenden Erkenntnisse letztlich unvorhersehbar sind, da mit dem Wissen auch das Nichtwissen größer wird und mit den Antworten auch die Fragen zunehmen.[3] Während wir letztlich wieder auf die Wissenschaft und Technik zur Kontrolle und Bändigung der durch sie aufgeworfenen Probleme angewiesen sind, können sich die Gesellschaft und der Staat nicht allein auf sie verlassen. Es müssen vielmehr – wie das z. B. im Atomgesetz, in dem allerdings nicht praktikablen Gesetz zur Regelung der Gentechnologie und im Embryonenschutzgesetz versucht wurde – gesetzliche Regelungen getroffen werden, um den Rahmen der Entwicklung politisch abzustecken, die Möglichkeiten zum Abstoppen der Eigendynamik wissenschaftlicher Forschungsprozesse bei Eintreten negativer Folgen zu verbessern und das wissenschaftlich-technische System besser in das soziale System einer Gesellschaft zu integrieren. Das entspricht nicht nur der ständig zunehmenden Bedeutung der Wissenschaft für die Gesamtgesellschaft, sondern auch der Tendenz zu ihrer Organisation in immer größeren Einheiten und der weit überproportionalen Vermehrung der für die Förderung von Wissenschaft und Technik von Staat und Wirtschaft aufgewendeten Mittel.

Das alte Bild der Forschung und des Forschers hat sich vor allem in den Naturwissenschaften seit dem Ende des 19. Jahrhunderts grundlegend verändert. An die Stelle des genialen, in seiner Studierstube oder seinem Privatlaboratorium isoliert arbeitenden Gelehrten und Erfinders traten Institute und Forschungseinrichtungen, die vom Staat, von privaten Stiftungen oder von einzelnen Firmen und Unternehmen der Wirtschaft finanziert wurden. Im Rahmen dieser Entwicklung sind seit der Jahrhundertwende, vor allem aber seit dem Zweiten Weltkrieg, in vielen Bereichen die Forschungseinrichtungen immer größer und die von ihnen verwendeten wissenschaftlichen Geräte immer komplizierter und aufwendiger geworden. Mehr und mehr kam es auch auf die an einem vorgegebenen Ziel ausgerichtete Teamarbeit einer großen Zahl von Wissenschaftlern aus verschiedenen Disziplinen an. Für diese neue Form der Forschung setzte sich der Begriff der Big Science oder Großforschung durch. In ihr ist der Verbund von Wissenschaft, Wirtschaft und Staat besonders eng, ist die Rolle der Wissenschaft als Produktivfaktor, als Instrument zur Erhaltung der internationalen Wettbewerbsfähigkeit einer Nation und zur Lösung staatlicher Aufgaben der Daseins- und Zukunftsvorsorge besonders ausgeprägt. Sie verlangt auch einen neuen Typ des leitenden Wissenschaftlers. In seiner Person soll sich die Fähigkeit zur Inspiration, Motivation und Koordination der Arbeit großer Gruppen von Wissenschaftlern vereinen mit den Qualitäten des Managers eines großen Wirtschaftsunternehmens und mit dem Geschick des Politikers, der Interessen auszugleichen und seine Arbeit vor der Öffentlichkeit zu rechtfertigen versteht.

Die Herausbildung und Entwicklung der Großforschung, in der die Risiken und Chancen moderner Wissenschaft besonders deutlich sind, und ihr Verhältnis zu Staat, Gesellschaft und Wirtschaft sowie den traditionellen Institutionen der Wissenschaft seit dem Ende des 19. Jahrhunderts sind Gegenstand dieser Arbeit. Die Geschichte der Großforschung wird dabei hier in doppeltem Sinn verstanden. Zum einen im weiteren Sinn als Geschichte eines Typs organisierter Forschung, die für die Verhältnisse der Zeit mit großen Mitteln arbeitet und bewußt für bestimmte Ziele von Staat, Wirtschaft und Gesellschaft eingesetzt wird; zum anderen im speziellen Sinn als Geschichte der Großforschungseinrichtungen, die, wenn sie auch Wurzeln haben, die bis in die Zeit vor dem Ersten Weltkrieg zurückgehen, erst nach der Wiedergewinnung der Souveränität der Bundesrepublik 1955 in einigen zentralen Gebieten der Forschung und Technologie gegründet wurden.

Das Büchlein ist hervorgegangen aus einem Vortrag, den ich aus Anlaß des zwanzigjährigen Bestehens der Arbeitsgemeinschaft der Großforschungseinrichtungen (AGF) am 7.11. 1990 in Heidelberg gehalten habe. Bei seiner Vorbereitung ist mir immer mehr deutlich geworden, wie sehr die Geschichtswissenschaft in Deutschland – im Unterschied etwa zu der in den Vereinigten Staaten, Großbritannien und Frankreich – die Wissenschafts- und Technikgeschichte bisher vernachlässigt hat. Trotz der Vielfalt der Berührungspunkte mit der Geschichte von Politik, Wirtschaft und Gesellschaft und der offensichtlichen Bedeutung von Wissenschaft und Technik für die Entwicklung der modernen Welt werden die Ergebnisse dieser Spezialdisziplin – das gilt weitgehend auch für das Ausland – nur wenig in allgemeine historische Darstellungen miteinbezogen. Der Band möchte so einen kleinen Beitrag zu dem notwendigen Brückenschlag zwischen Wissenschaftsgeschichte und allgemeiner Geschichte leisten und dabei auch auf ein bisher nur wenig bestelltes, nach meiner Meinung aber höchst ergiebiges Forschungsfeld hinweisen.

Für vielfältige Anregungen danke ich Dr. Ernst-Joachim Meusel, dem ersten Vorsitzenden der AGF, der mich zur wissenschaftlichen Mitbetreuung des von ihm initiierten Projekts einer Geschichte der Großforschungseinrichtungen herangezogen hat, sowie meinem Sohn Dr. Clemens Ritter vom Institut Max von Laue – Paul Langevin in Grenoble. Mein Dank gilt weiter aus dem Kreis meiner Schüler Dr. Susan Boenke, Andrea Mauerberger M.A., Dr. Christiane Reuter-Boysen und vor allem Dr. Margit Szöllösi-Janze und Privatdozent Dr. Helmuth Trischler, die Studien im Rahmen dieses Projektes abgeschlossen oder in Arbeit haben. Bei der Beschaffung des Bildmaterials haben mich insbesondere Dr. Eckart Henning, der Direktor der Bibliothek und des Archivs zur Geschichte der Max-Planck-Gesellschaft, die Bildstelle des Deutschen Museums in München, die Physikalisch-Technische Bundesanstalt, die Fraunhofer-Gesellschaft sowie die für die Presse- und Öffentlichkeitsarbeit zuständigen Mitarbeiter von CERN und den 16 Großforschungseinrichtungen unterstützt. Herrn Dr. Bernhard Döll vom Bundesministerium für Forschung und Technologie sowie der Geschäftsstelle des Wissenschaftsrates danke ich für die Übersendung von z. T. noch nicht veröffentlichten Materialien zum Neuaufbau der Forschung in den neuen Bundesländern. Susanne Mutert M. A. danke ich für ihre Unterstützung bei der Bearbeitung der Tabellen, Ulrike Haerendel M. A. und Ulrich Marsch M. A. für ihre Hilfe bei der Drucklegung des Bändchens.

1. Staat und Forschung im 19. Jahrhundert

Der Begriff „Großbetrieb der Wissenschaft" wurde bekannt durch einen Artikel des bedeutenden Theologen und Wissenschaftspolitikers Adolf von Harnack in den Preußischen Jahrbüchern 1905.[4] Schon vorher hatte allerdings der berühmte Althistoriker Theodor Mommsen in einer Rede vor der Preußischen Akademie der Wissenschaften 1890 ausgeführt: „Auch die Wissenschaft hat ihr sociales Problem; wie der Grossstaat und die Grossindustrie, so ist die Grosswissenschaft, die nicht von Einem geleistet, aber von Einem geleitet wird, ein nothwendiges Element unserer Culturentwickelung, und deren rechte Träger sind die Akademien oder sollten es sein."[5] Was Harnack und Mommsen meinten, war vor allem das Zusammenwirken eines größeren Kreises von Gelehrten in Akademien oder lokalen, nationalen und internationalen wissenschaftlichen Vereinigungen bei der Bewältigung großer gemeinsamer wissenschaftlicher Aufgaben. Dazu gehörte die Herausgabe eines Thesaurus Linguae Latinae, eines Wörterbuchs der lateinischen Sprache, die zunächst vom Kartell der deutschsprachigen Akademien getragen wurde, genauso wie die internationale Zusammenarbeit etwa im Bereich der Meteorologie, der Erdvermessung und der Astronomie.

Schon vorher – in der frühen Neuzeit – hatten einzelne Fürsten mit erheblichen Mitteln Observatorien unterhalten, durch die gezielte Förderung der Kartographie und der Zeitmessung zur Verbesserung der Navigation beigetragen und Forschungen gefördert, von denen sie Hilfe bei der Lösung konkreter staatlicher Aufgaben, bei der Entwicklung des heimischen Gewerbes und bei der Steigerung des Wohlstandes ihres Landes erwarteten. Trotz des gelegentlich beeindruckenden Ausmaßes derartiger Projekte handelte es sich noch nicht um „Großforschung", die sich nicht allein quantitativ definieren läßt.[6] Kennzeichnend für die moderne Großforschung ist vielmehr unter anderem das zunehmend engere Zusammenspiel von Wissenschaft, Wirtschaft und Staat, das sich in Deutschland in ersten Ansätzen im Laufe des 19. Jahrhunderts herausbildete.

Diese im Vergleich der modernen Industriestaaten frühe Entwicklung hat eine ihrer Ursachen in der vor allem im Unterschied zu den angelsächsischen Ländern sehr weitgehenden „Durchstaatlichung des Wissenschaftsbetriebes"[7] seit dem 18. und in neuer Form seit den Napoleonischen Kriegen am Anfang des 19. Jahrhunderts. Auch die Gründung der Universität Berlin, die – auf Wilhelm von Humboldts Konzept der Einheit von Forschung und Lehre beruhend – für lange Zeit die wohl führende Universität der Welt wurde, war ja eine staatliche Veranstaltung. Ein zweiter Faktor war das starke Interesse der deutschen Staaten an der Förderung von technischer Ausbildung über die Gewerbeschulen[8] und von naturwissenschaftlicher Forschung in den Universitäten und Technischen Hochschulen. Drittens wurden aufgrund der Pionierrolle, die Deutschland bei der Anwendung naturwissenschaftlicher Ergebnisse besonders in der elektrotechnischen, optischen und chemischen Industrie in der Welt vor 1914 spielte, die Zusammenhänge zwischen der ökonomischen Leistungsfähigkeit und dem Stand der Forschung früh erkannt und damit auch einem Zusammengehen von Wissenschaft, Staat und Wirtschaft die Wege geebnet. Ein viertes Element, das vor allem das Prestige und die Wirkung der Wissenschaft in der Gesellschaft verstärkte, war der Übergang zum Interventions- und Sozialstaat, der in Deutschland nicht zuletzt aufgrund älterer Traditionen[9] schon im letzten Viertel des 19. Jahrhunderts und damit im internationalen Vergleich sehr früh erfolgte. Diese Entwicklung trug wesentlich bei zur Erweiterung des Bereichs der staatlichen Daseinsvorsorge, zur Ergänzung der Ordnungsverwaltung durch die staatliche und kommunale Leistungsverwaltung, zum Ausbau der Sozial- und Wirtschaftsstatistik,[10] zur Entwicklung der empirischen Sozialwissenschaften[11] und zur Förderung der medizinischen Forschung. All diese Faktoren führten am Ende des 19. und am Beginn des 20. Jahrhunderts zur Entstehung außeruniversitärer Forschungseinrichtungen verschiedener Struktur und Organisation, in denen sich Elemente früher Großforschung aufzeigen lassen.

Die Wissenschaften wie die führenden deutschen Universitäten und die in ihnen entstehenden Burschenschaften waren neben Teilen der Wirtschaft wesentliche Träger der deutschen Einheitsbewegung im 19. Jahrhundert gewesen. Schon 1822 entstand mit der „Gesellschaft deutscher Naturforscher und Ärzte" die erste gesamtdeutsche Wissenschaftsorganisation, die sich, in bewußter Frontstellung gegen die bisherigen, auf landesherrlichen Privilegien beruhenden Gesellschaften, die Herstellung der Einheit der deutschen Wissenschaften und die Bekanntmachung ihrer Errungenschaften in der Welt zum Ziel setzte.[12] Es entsprach diesem gesamtdeutschen Charakter von Wissenschaft und Forschung sowie der zunehmenden internationalen Zusammenarbeit und dem gleichzeitig immer schärfer werdenden internationalen Wettbewerb in den Wissenschaften, daß trotz der verfassungsrechtlichen Zuordnung von Forschung und Lehre zu den Einzelstaaten auch das Deutsche Reich bereits bald nach seiner Gründung 1871, gegen starke föderalistische Bedenken, wesentliche Initiativen zur Förderung der Forschung entwickelte.

Die Zuständigkeit des Reiches für die Außenpolitik führte zur Übernahme deutscher wissenschaftlicher Institutionen im Ausland, wie des 1829 in Rom gegründeten „Instituts für archäologische Korrespondenz", das in „Archäologisches Institut des Deutschen Reiches"[13] umbenannt und durch die Errichtung einer Zweigstelle in Athen ausgebaut wurde. 1874 bewilligte der Reichstag erstmals Gelder für deutsche Ausgrabungen in Olympia, denen weitere von Preußen initiierte erfolgreiche Ausgrabungen in Griechenland, Kleinasien und Ägypten folgten. Das Reich entrichtete schließlich regelmäßige Beiträge für das Deutsche Kunsthistorische Institut in Florenz, das Deutsche Haus in Kairo, die deutschen Zoologischen Stationen in Neapel und Rovigno und 1914 für eine aerologische Station auf Spitzbergen. Es unterstützte die Arbeiten deutscher Forscher im Ausland, z. B. in China, wissenschaftliche Expeditionen und die Teilnahme deutscher Wissenschaftler an internationalen Organisationen, Ausstellungen und Kongressen. Es war vor 1914 durch regelmäßige

Beiträge an der Finanzierung des Unternehmens der Erdvermessung, der Arbeit der internationalen Seismologischen Assoziation und der Internationalen Organisation für Luftschiffahrt beteiligt. Auch die internationale Erforschung der nordischen Meere, die die Seefischerei unterstützen sollte, die internationalen Bibliographien für Naturwissenschaften und Sozialwissenschaften und das internationale Landwirtschaftliche Institut in Rom wurden vom Reich mitgetragen.[14]

In Deutschland selbst übernahm das Reich mit einem Zuschuß von Österreich 1875 die Finanzierung der 1819 auf Initiative des Freiherrn vom Stein in Preußen gegründeten und vorher auch durch Zuwendungen des Deutschen Bundes unterhaltenen „Monumenta Germaniae Historica".[15] Weiterhin unterstützte das Reich schließlich die Herausgabe der Monumenta Germaniae Paedagogica und des Grimmschen Deutschen Wörterbuches. Die Limes-Ausgrabungen wurden finanziert und Beiträge für Institutionen und Museen mit einem gesamtdeutschen Charakter – wie das Römisch-Germanische Museum in Mainz, das Germanische Museum in Nürnberg, das Deutsche Museum in München, die Zentralstation für Erdbebenforschung in Straßburg und die Leopoldinisch-Karolingische deutsche Akademie der Naturforscher in Halle – geleistet.[16] Trotz dieser Tendenzen zur Zentralisierung auf Reichsebene lag allerdings das Schwergewicht der Forschungsförderung im Kaiserreich bei den Einzelstaaten und hier insbesondere bei Preußen.

Neben der Unterstützung deutscher wissenschaftlicher Institutionen im Ausland und gesamtdeutscher wissenschaftlicher Unternehmen sind für das Kaiserreich im Bereich der Naturwissenschaften und Technik auch die ersten Staatsanstalten des Reiches zu nennen, ein Organisationstyp der Forschung, den es auf der Ebene der Einzelstaaten, besonders Preußens, in Ansätzen schon in der ersten Hälfte des 19. Jahrhunderts gab.[17] Dabei wurde die Kompetenz des Reiches zum Aufbau solcher Institutionen vor allem aus der traditionellen Staatsaufgabe der Aufsicht, Normierung und Kontrolle, etwa im Meß- und Eichungswesen, abgeleitet.

1887 wurde so, gegen zunächst erhebliche Widerstände des

Werner von Siemens (1816–1892). Industrieller und Elektrotechniker. Einer der Initiatoren bei der Gründung der Physikalisch-Technischen Reichsanstalt.

Reichstages sowie des Vereins deutscher Ingenieure (VdI) und der Deutschen Gesellschaft für Mechanik und Optik, die eigene abweichende Interessen verfolgten, die Physikalisch-Technische Reichsanstalt (PTR) unter dem Physiker Hermann von Helmholtz als ihrem ersten Präsidenten gegründet.[18] Initiativ waren dabei außer Helmholtz vor allem der Industrielle Werner von Siemens und der Astronom Wilhelm Foerster, der als Direktor der 1868 vom Norddeutschen Bund und später vom Reich übernommenen preußischen Normal-Eichungskommission die Leitung der Neuorganisation des deutschen Maß- und Gewichtswesens übernommen hatte. Das zentrale Ziel, die deutsche Industrie im internationalen Wettbewerb durch den Ausbau der naturwissenschaftlichen Forschung zu fördern, das Siemens mit der Gründung der PTR verfolgte, hatte er bereits am 11. Juni

Hermann von Helmholtz (1821–1894). Physiker und Physiologe. Mitbegründer und erster Präsident der Physikalisch-Technischen Reichsanstalt.

1883 klar formuliert: „Die naturwissenschaftliche Forschung bildet immer den sicheren Boden des technischen Fortschritts und die Industrie eines Landes wird niemals eine international leitende Stellung erwerben und sich selbst erhalten können, wenn das Land nicht gleichzeitig an der Spitze des naturwissenschaftlichen Fortschritts steht. Dieses herbeizuführen ist das wirksamste Mittel zur Hebung der Industrie".[19]

Allerdings erfüllten sich die weitergehenden Erwartungen von Siemens und Helmholtz, ein großzügiges, mit modernen Apparaten und zahlreichem wissenschaftlichem Personal ausgestattetes staatliches Zentrum der Experimentalphysik zu schaffen, nur zum Teil. Die Institution mußte sich, neben den Dienstleistungen der Normierung, Prüfung und Zulassung von physikalischen Meßwerkzeugen und der ihr durch Gesetz von 1898 übertragenen Stellung als technischer Oberbehörde für das gesamte Eichwesen im Bereich der Elektrizität, in der eigenen Forschung im wesentlichen auf die wissenschaftliche Fundierung der verschiedenen Zweige der Metrologie beschränken. Trotzdem hat die Physikalisch-Technische Reichsanstalt, die Modell für den Aufbau des „National Physics Laboratory" in England 1899, des „National Bureau of Standards" in Washington 1901 und eines ebenfalls noch vor dem Ersten Weltkrieg errichteten japanischen Instituts für physikalische und chemische Forschung stand,[20] der Forschung wesentliche Impulse gegeben. So brachten Messungen über die Verteilung der Lichtintensität eines elektrisch geheizten Hohlraumstrahlers Max Planck dazu, seine Strahlungsformel aufzustellen und die Quantentheorie zu begründen, die anschließend in der Physikalisch-Technischen Reichsanstalt experimentell überprüft wurde. Auch die Arbeiten über Wärmestrahlung, für die der Helmholtz-Schüler Wilhelm Wien 1911 den Nobelpreis für Physik erhielt, sind in der PTR vorgenommen worden.[21]

Die Kompetenz des Reiches für die „Maßregeln der Medizinal- und Veterinärpolizei" nach Artikel 4.15 der Reichsverfassung von 1871 führte schon 1876 zur Gründung des Kaiserlichen Deutschen Gesundheitsamtes. Als dessen Mitglied machte Robert Koch in dem bakteriologischen Laboratorium des Amtes, das auf seine Anregung hin errichtet worden war, seine bahnbrechenden Entdeckungen des Tbc- und des Cholera-Erregers.[22]

Ein weiteres Beispiel gezielter staatlicher Forschungsförderung war die Biologische Reichsanstalt für Land- und Forstwirt-

Das Observatorium der Physikalisch-Technischen Reichsanstalt in Berlin 1891.

schaft, die zunächst im Rahmen des Kaiserlichen Deutschen Gesundheitsamtes 1898 gegründet wurde, aber seit 1905 selbständig war.[23] Sie unterstrich das traditionell starke Engagement des Staates in der Landwirtschaft. In diesem Sektor gibt es im Unterschied zur Industrie, in der die Ausgaben der Wirtschaft für Forschung und Entwicklung die des Staates erheblich übersteigen, auch bis heute kaum eigene Forschungen.

Mit der Gründung dieser Forschungsanstalten des Reiches, insbesondere der Physikalisch-Technischen Reichsanstalt, wurde ein neuer Weg in der Förderung von Wissenschaft und Technik durch den Staat begangen. Die Neugründungen unterstrichen die Verantwortung des Gesamtstaates für die Forschung, begründeten für Teilbereiche der Forschung die Trennung von der akademischen Lehre und kennzeichneten den Durchbruch der Methode der Teamarbeit in der naturwissenschaftlichen Forschung. Zudem wurde zum erstenmal „die naturwissenschaftliche Grundlagenforschung bewußt für die Entwicklung von Technik und Wirtschaft mobilisiert“ und

Das Werkstattgebäude der Physikalisch-Technischen Reichsanstalt 1897.

damit die moderne Großforschung in Deutschland begonnen.[24]

Bei den Forschungsanstalten des Reiches, neben denen es viele weitere vor allem von deutschen Einzelstaaten getragene Versuchs- und Forschungsanstalten gab,[25] handelte es sich um Staatsanstalten. Sie führten auf gesetzlicher Grundlage im unmittelbaren Auftrag des Staates Forschungen durch, die häufig an bestimmten Dienstleistungen des Staates auf den Gebieten der Vorsorge und Kontrolle orientiert waren. Diese Form der Forschung wird heute meist als Ressort-Forschung bezeichnet. Sie wird von der marktregulierten und produktorientierten Industrieforschung, die ebenfalls in größerem Umfang und in institutionalisierter Form seit dem Ende des 19. Jahrhunderts entstand,[26] sowie von der selbstregulierten und an allgemeinen Erkenntnisinteressen ausgerichteten akademischen Forschung unterschieden.[27] Daneben gibt es Mischformen wie etwa das Hamburger Institut für Schiffs- und Tropenkrankheiten, das im wesentlichen von einem Einzelstaat – der Hansestadt Hamburg

Max Planck (1858–1947). Physiker. Begründer der Quantentheorie. Präsident der Kaiser-Wilhelm-Gesellschaft 1930–37 und 1945/46. Nobelpreis 1918.

– getragen, aber auch durch das Reich und private Geldgeber bezuschußt wurde. Auch das 1899 nach Frankfurt am Main verlegte Institut für Serum-Prüfung und -Forschung unter der Leitung von Paul Ehrlich wurde vom Reich, von der Stadt Frankfurt und Industrieunternehmen wie den Farbwerken Hoechst und Casella unterstützt und beruhte auf dem Konzept einer engen Kooperation von Staat, Industrie und akademischer Wissenschaft.[28]

Die Ressort-Forschung, die in nachgeordneten Behörden der Ministerien organisiert ist, weist vor allem in der Bindung an vom Staat gestellte Aufgaben Parallelen mit der Arbeit der heutigen Großforschungseinrichtungen auf. Diese unterscheiden sich allerdings von ihr in der meist privatrechtlichen statt öffentlich-rechtlichen Organisationsform, in der stärkeren Tendenz zur in-

Robert Koch (1843–1910). Begründer der modernen Bakteriologie. Entdecker des Tbc- und Choleraerregers, Initiator der Schaffung des bakteriologischen Laboratoriums des Kaiserlichen Deutschen Gesundheitsamtes. Nobelpreis 1905.

terdisziplinären Zusammenarbeit sowie im höheren Maß der wissenschaftlichen Autonomie. Die Großforschung ist daher im Zwischenbereich der verschiedenen Formen akademischer, industrieller und staatlicher Forschung, die sich seit der Jahrhundertwende in Deutschland in vielfältiger Weise vermischten, anzusiedeln.[29]

Paul Ehrlich (1854–1915). Mediziner. Mitarbeiter von R. Koch. Entdeckte als Schöpfer der Chemotherapie zusammen mit S. Hata das Salvarsan zur Behandlung der Syphilis. Nobelpreis 1908.

2. Gründung und frühe Geschichte der Kaiser-Wilhelm-Gesellschaft und die Anfänge der Luftfahrtforschung

Neben den großen staatlichen Forschungsanstalten gehört auch die 1911 gegründete Kaiser-Wilhelm-Gesellschaft (KWG), die Vorläuferin der heutigen Max-Planck-Gesellschaft (MPG), zur Vor- und Frühgeschichte der modernen Großforschung in Deutschland. Die sehr vielfältigen Motive und Interessen, die zu diesem so außerordentlich erfolgreichen neuen Typ einer außeruniversitären, aber akademisch geprägten Forschungsorganisation führten, können hier nur kurz angedeutet werden:[30] Zu ihnen gehörten die von Friedrich Althoff, dem Universitätsdezernenten und schließlich „allmächtigen Ministerialdirektor" im preußischen Kultusministerium, entscheidend geförderte Ausbildung einer staatlichen „Wissenschaftspolitik" am Ende des 19. Jahrhunderts[31] wie auch nationales Prestigedenken, das sich auf Erfolge in der Wissenschaft berief. Schließlich setzte sich bei den entscheidenden Eliten in Wirtschaft und Staat allmählich die Erkenntnis durch, daß Wissenschaft als Produktionsfaktor ein wesentliches Element im ökonomischen Wettbewerb der Nationen darstelle.[32] Daneben traten innerwissenschaftliche Gründe. Große außeruniversitäre Forschungsinstitutionen hatten sich seit dem Ende des 19. Jahrhunderts besonders in den Vereinigten Staaten, wo sie vor allem von bedeutenden privaten Stiftungen getragen wurden, aber auch in Großbritannien und Frankreich sowie Schweden herausgebildet. Die deutsche Forschung drohte auf wichtigen Gebieten der Naturwissenschaften, vor allem der Chemie, der Biologie und der experimentellen Medizin, zurückzufallen.[33] Die Überlastung der Universitätsprofessoren durch die Lehre für eine stark expandierende Studentenzahl, die mangelnde Berücksichtigung zukunftsträchtiger neuer, jedoch oft zwischen den etablierten Fächern liegender

Friedrich Althoff (1829–1908). Universitätsdezernent und schließlich „allmächtiger Ministerialdirektor" im preußischen Kultusministerium 1882–1907. Einer der geistigen Väter der Kaiser-Wilhelm-Gesellschaft.

Forschungsrichtungen in den Universitäten, aber auch die notwendige Konzentration umfangreicher Mittel auf bestimmte Forschungsgebiete machten die Anbindung der geplanten neuen Forschungszentren an die Universitäten unmöglich. Doch auch die zeitweise als Träger solcher Institutionen in Aussicht genommenen wissenschaftlichen Akademien waren dazu wegen ihres weitgehenden Rückzugs aus der naturwissenschaftlichen Forschung im 19. Jahrhundert und ihrer ungenügenden Flexibilität wenig geeignet.

Die schließlich errichtete Kaiser-Wilhelm-Gesellschaft als Trägerin außeruniversitärer, um einzelne Forscherpersönlich-

Adolf von Harnack (1851–1930). Evangelischer Theologe. Einer der Initiatoren und der erste Präsident (1911–1930) der Kaiser-Wilhelm-Gesellschaft.

keiten gebildeter Institute, die zunächst aus überwiegend privaten und aus Mitteln Preußens finanziert wurden, beruhte auf dem Grundsatz einer vom Staat beaufsichtigten akademischen Selbstverwaltung. Damit war auf dem Boden des Privatrechts eine Organisationsform gefunden worden, die Schutz gegen den Einfluß der Wirtschaft, aber auch gegen eine zu enge Gängelung durch die staatliche Bürokratie bieten sollte.

Bei der Gründung der Kaiser-Wilhelm-Gesellschaft haben weitblickende staatliche Beamte wie Friedrich Althoff, der seit langem den Plan der Errichtung eines deutschen Oxford in Dahlem am Rande Berlins verfolgte,[34] und sein Nachfolger im preußischen Kultusministerium, der spätere erste Präsident der

Emil Fischer (1852–1919). Chemiker. Einer der Initiatoren der Kaiser-Wilhelm-Gesellschaft. Nobelpreis 1902. Das Bild zeigt Fischer um 1900 in einem Laboratorium der Friedrich-Wilhelms-Universität Berlin.

Notgemeinschaft der Deutschen Wissenschaft, Friedrich Schmidt (seit 1920 Schmidt-Ott) eine wichtige Rolle gespielt. Neben ihnen hatten aber auch hervorragende, in der Öffentlichkeit wirkende Wissenschaftler wie Adolf Harnack, der aufgrund vielfältiger Anregungen die Gründungsdenkschrift vom 21.11. 1909 verfaßte, und der Nobelpreisträger der Chemie Emil

Zur 100-Jahr-Feier der Friedrich-Wilhelms-Universität in Berlin werden Kaiser Wilhelm und seine Familie vom Rektor der Universität, Prof. Erich Schmidt, begrüßt. Beim anschließenden Festakt in der neuen Aula der Universität verkündete der Kaiser den Wunsch, unter seinem „Protektorat und Namen" eine Gesellschaft „zur Errichtung und Erhaltung von Forschungsstätten" zu begründen.

Fischer, der als großer „Brückenbauer" zwischen Wissenschaft und Industrie[35] seine langjährigen Vorarbeiten zur Gründung einer Chemischen Reichsanstalt einbrachte,[36] einen wesentlichen Anteil an der Konzeption und Durchsetzung dieser in die Zukunft weisenden neuen Form der Forschungsorganisation. Für ihren Erfolg war schließlich auch das Protektorat des Kaisers, der das Vorhaben auf seiner Rede zur Hundertjahrfeier der Berliner Universität verkündete,[37] von wesentlicher Bedeutung. Eine entscheidende Voraussetzung für die Finanzierung der Gesellschaft in der Zeit des Kaiserreichs war schließlich die Existenz eines reichen Bürgertums, das ein seit dem Ende des 19. Jahrhunderts aufblühendes, vielfach gerade von jüdischen Mäzenen gefördertes Stiftungswesen trug und auch die Institute der Gesellschaft zunächst großzügig unterstützte.[38]

Henry Theodor von Böttinger (1848–1920). Geheimer Regierungsrat. Vorsitzender des Aufsichtsrats der Farbenfabriken vorm. Friedrich Bayer & Co. AG, Rittergutsbesitzer, Mitglied des preußischen Abgeordnetenhauses 1891–1908 und des Herrenhauses 1909–1918 in der Festtracht der Senatoren der KWG um 1911. Böttinger, einer der Mäzene der Gesellschaft, war von der Gründung bis zu seinem Tod 1920 Mitglied des Senats und zweiter Schatzmeister der KWG.

Die Institute der Kaiser-Wilhelm-Gesellschaft waren dabei keineswegs auf die Grundlagenforschung beschränkt. Vielmehr entstand neben den ersten Instituten für physikalische Chemie und Elektrochemie, für Chemie, für experimentelle Therapie

Einweihung der beiden ersten Kaiser-Wilhelm-Institute für Chemie und für physikalische Chemie und Elektrochemie in Berlin-Dahlem am 23.10.1911. Hinter dem Kaiser sind der Präsident der KWG Adolf Harnack, Emil Fischer und Fritz Haber zu sehen. Die Schüler des 1909 gegründeten Arndt-Gymnasiums in Berlin-Dahlem stehen Spalier.

und für Arbeitsphysiologie bereits im Juli 1914 mit dem Kaiser-Wilhelm-Institut für Kohlenforschung in Mülheim an der Ruhr ein Zentrum der primär anwendungsorientierten Forschung.[39] Dies ging wesentlich auf eine Initiative des Regierungspräsidenten von Düsseldorf, Francis Kruse, und Emil Fischers zurück, die für ihre Ideen schließlich vor allem mit Hilfe des Industriellen Hugo Stinnes die Unterstützung der rheinisch-westfälischen Industrie gewannen. Das entscheidend von Emil Fischer geprägte in die Zukunft weisende Forschungskonzept[40] entsprach vor allem den Interessen der Industrie, die auch die laufende Finanzierung des Instituts zum größten Teil trug. Für dessen Errichtung und Erstausstattung hatte die Stadt Mülheim einen Betrag von 700000 Mark aus einer Stiftung der Familie Stinnes zur Verfügung gestellt.

Im Ersten Weltkrieg, der den säkularen Trend zur Interven-

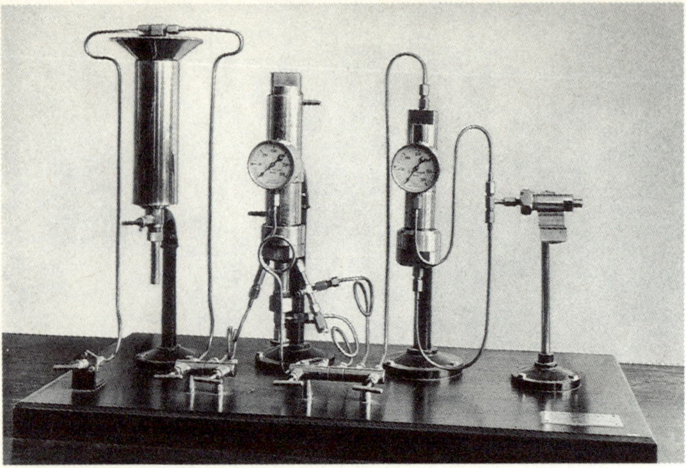

Das Bild zeigt den Apparat, mit dem Fritz Haber 1908 Ammoniak synthetisch darstellte.

tion des Staates in Wirtschaft und Wissenschaft stärkte, kam es in Deutschland – wie übrigens etwa auch in Großbritannien[41] – zu einer wesentlichen Ausdehnung der Kompetenzen des Staates und besonders des Reiches in der Forschung. Schon bald nach Kriegsbeginn wiesen die Wissenschaftler die staatlichen Ämter und die Militärbehörden auf die Bedeutung der Forschung für die Kriegführung hin. Fritz Habers Entdeckung im Jahr 1908, Ammoniak unter Druck aus Stickstoff und Wasserstoff zu synthetisieren, und ihre großindustrielle Entwicklung durch Carl Bosch wurden zur Grundlage einer mitten im Krieg entstehenden Salpeterindustrie, die Deutschland von Salpetereinfuhren aus Chile unabhängig machte. Angesichts der Bedeutung von Salpeter für die Herstellung von Sprengstoff, aber auch von Kunstdünger, ermöglichte die Salpeterindustrie überhaupt erst die deutsche Kriegführung über 1915/16 hinaus.[42] Fritz Haber, Jude und glühender deutscher Patriot, stellte zudem das von ihm geleitete Kaiser-Wilhelm-Institut für physikalische Chemie und

Fritz Haber (1868–1934). Direktor des Kaiser-Wilhelm-Instituts für physikalische Chemie und Elektrochemie 1911–1933. Mitbegründer der Notgemeinschaft 1920–1933. Nobelpreis 1918. Das Bild zeigt Haber 1916 in der Uniform eines Hauptmanns.

Elektrochemie völlig in den Dienst der deutschen Kriegführung, als er es zur Überwindung des Stellungskrieges im Westen zum Entwicklungszentrum der neuen Waffen des Gaskrieges machte.[43] Es handelte sich dabei bereits um ein Unternehmen der Großforschung, eine Art vorweggenommenes Manhattan-Projekt, an dem 1917 1500 Personen, darunter 150 Wissenschaftler, beteiligt waren.[44]

Die Militärs wünschten damals die Schaffung eines eigenen Kaiser-Wilhelm-Instituts, das unter strikter militärischer Kontrolle mit staatlichen Finanzmitteln Aufgaben auf dem Gebiet

Carl Bosch (1874–1940). Chemiker und Industrieller. Entwickelte 1910–1913 ein großtechnisches Verfahren (Haber-Bosch-Verfahren) zur Synthese von Ammoniak aus Stickstoff und Wasserstoff. Präsident der Kaiser-Wilhelm-Gesellschaft 1937–1940.

der Kampfstoffentwicklung übernehmen sollte. Diese in enger Zusammenarbeit mit Fritz Haber entwickelten Pläne fanden zunächst auch die Unterstützung des Senats der KWG, der allerdings von der vorgesehenen direkten Einwirkung der Militärverwaltung eine Gefährdung des wissenschaftlichen Charakters des Instituts befürchtete. Das Vorhaben wurde aber nach der sich abzeichnenden Niederlage Deutschlands im Oktober 1918 aufgegeben.[45]

Während die vor oder im Ersten Weltkrieg gegründeten historischen, physikalischen und biologischen Institute der Kaiser-

Wilhelm-Gesellschaft an ihren traditionellen Forschungsaufgaben festhielten, leisteten auch andere Institute neben dem von Fritz Haber im Laufe des Krieges wesentliche Beiträge zur Förderung der Wehrtechnik und der Kriegswirtschaft. So beschäftigte sich z. B. das Kaiser-Wilhelm-Institut für Chemie mit der Entwicklung verbesserter Warngeräte gegen ausströmende, brennbare Gase für die Besatzungen der Luftschiffe und suchte nach Ersatzstoffen für Harze und Gummi. Das Kaiser-Wilhelm-Institut für experimentelle Therapie war in seiner bakteriologischen Abteilung mit Unterstützung der Militärverwaltung an der Suche nach Seren gegen Paratyphus, Fleckfieber, Ruhr und Gasbrand sowie an der Entwicklung eines Impfserums zur Syphilisprophylaxe beteiligt und hatte dabei erhebliche Erfolge. Seine chemische Abteilung arbeitete an der Herstellung von Ersatzstoffen für Seife und das knapp gewordene Glycerin. Das Kaiser-Wilhelm-Institut für Arbeitsphysiologie konzentrierte sich seit 1916 weitgehend auf Fragen der Kriegsernährung, insbesondere die bessere Verwertung von Lebens- und Futtermitteln bzw. deren Ersatz.[46] Im Institut für Kohlenforschung in Mülheim an der Ruhr wurden, z. B. mit der Suche nach Wegen zur synthetischen Herstellung von Treibstoff, Projekte verfolgt, die bereits auf Ideen Emil Fischers vor dem Krieg zurückgingen, jetzt aber an praktischer Bedeutung gewannen. Allerdings sind sie erst in der Zeit des Nationalsozialismus zu einer wesentlichen Grundlage der Autarkie- und Kriegswirtschaftspolitik des Staates geworden.[47]

Im Bereich der Luftfahrtforschung, in der von Beginn an das staatliche Engagement eine wesentliche Rolle spielte, wurden im Ersten Weltkrieg militärische Interessen für die rasche Expansion der Forschung fast allein bestimmend.

Zwei Impulse wirkten sich entscheidend auf die Institutionalisierung der Luftfahrtforschung aus: 1. Die Gründung der Modellversuchsanstalt der Motorluftschiff-Studiengesellschaft in Göttingen 1907, die auf die Initiative des führenden Hydrodynamikers der Zeit, Ludwig Prandtl, zurückging.[48] In ihr sollten, vor allem in einem Windkanal, Fragen der Strömungsmechanik untersucht werden. Diese Versuchs- und Forschungsanstalt wurde

Ludwig Prandtl (1875–1953). Hydro- und Aerodynamiker. Gründer und von 1907–1937 Leiter der Modellversuchsanstalt der Motorluftschiff-Studiengesellschaft und von deren Nachfolgeinstitutionen. 1923–1947 Direktor des Kaiser-Wilhelm-Instituts für Strömungsforschung.

zur Vorläuferin der Aerodynamischen Versuchsanstalt (AVA), die 1925 um das mit ihr verbundene Kaiser-Wilhelm-Institut für Strömungsforschung ergänzt wurde.[49] Im Oktober 1918 nämlich war die AVA mit einer spezifischen Form der Finanzierung von der Kaiser-Wilhelm-Gesellschaft auf Beschluß ihres Senates hin übernommen worden, nachdem zunächst durch den auch verfassungsrechtlich begründeten Widerstand des preußischen Finanzministeriums gegen die Übernahme größerer finanzieller Verpflichtungen für die außeruniversitäre Forschung die schon vorher gewünschte Anbindung an die KWG nicht hatte realisiert werden können.

Daneben entstand nach Plänen von Ludwig Prandtl und des

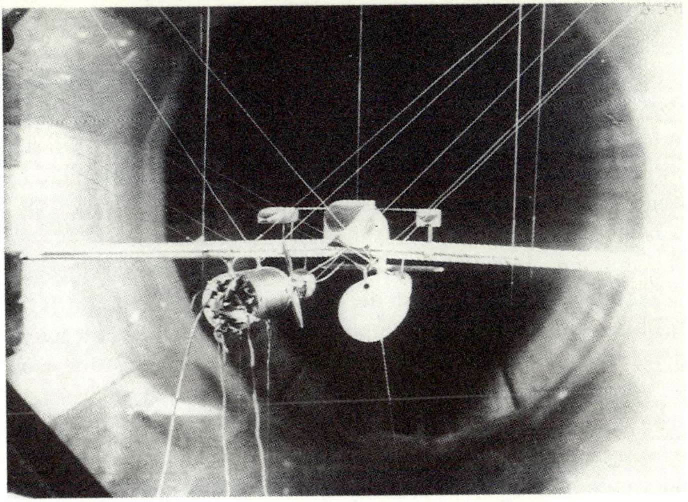

Aerodynamische Versuchsanstalt der KWG in Göttingen. Flugboot mit zwei Motorengondeln im Windkanal 1, ca. 1918/19.

Straßburger Meteorologen Hugo Hergesell 1912 die Deutsche Versuchsanstalt für Luftfahrt (DVL) in Berlin Adlerhorst als zweites Zentrum der Luftfahrtforschung. Die erst nach jahrelangen Auseinandersetzungen über unterschiedliche Initiativen erfolgte Gründung der DVL war letztlich von einer zunehmend luftfahrtbegeisterten, von Vereinen der Luftfahrtlobby inspirierten Öffentlichkeit, die schließlich die Unterstützung des Reichstages, des Kaisers, der Militärs und wesentlicher Teile von Wissenschaft und Wirtschaft fand, gegen den anfänglichen Widerstand des Reichsschatzamtes erzwungen worden.[50] Der Verzicht auf eine ursprünglich nach dem Modell der PTR geplante Reichsanstalt, die intensive Suche nach privaten Geldgebern zur Entlastung des angespannten Etats des Reiches und die schließlich gewählte Rechtsform eines eingetragenen Vereins als beste und flexibelste Verknüpfung von staatlicher und gesellschaftlicher Einflußnahme mit wissenschaftlicher Freiheit zeigen jedoch die deutliche Reserve der staatlichen Bürokratie gegen die Übernahme weitreichender finanzieller Verpflichtungen. Das starke militärische Interesse an der DVL, die auch erhebliche Mittel der Industrie erhielt, kam in der Wahl von Oberst Hugo Schmiedecke, dem Chef des Stabes der Generalinspektion des Militär-Verkehrswesens, zum ersten Vorsitzenden des Vereins und der späteren Wahl von Generalleutnant Hermann Rieß von Scheurnschloß zu dessen Präsidenten zum Ausdruck. Die Versuche der wissenschaftlichen Leitung der Versuchsanstalt, sich durch eine Angliederung an die KWG, die bereits mit einem erheblichen Beitrag die Gründung der Anstalt entscheidend gefördert hatte, aus der engen staatlich-militärischen Umklammerung zu befreien und eine größere finanzielle Sicherheit zu erhalten, scheiterten. Die KWG war nicht bereit, das Risiko einer Finanzierung nach dem Auslaufen der zunächst nur auf drei Jahre befristeten Zuschüsse der Industrie zu übernehmen, und bevorzugte zudem deutlich die Pläne Prandtls, ein Kaiser-Wilhelm-Institut für Aerodynamik und Hydrodynamik zu schaffen.[51]

Im Ersten Weltkrieg wurden sowohl die Göttinger Modellversuchsanstalt wie auch die DVL – die wichtigsten Vorläufer der heutigen Deutschen Forschungsanstalt für Luft- und Raumfahrt (DLR) – fast vollständig in den Dienst der deutschen Luftkriegführung gestellt und unter erheblicher Vermehrung ihres Personals von Heer und Marine finanziert.[52]

In der KWG wurden während des Ersten Weltkrieges nicht nur die Beziehungen zum Staat intensiviert, sondern auch weitere industrienahe Institute geschaffen. So beschloß man 1917 unter anderem auf Initiative des Vereins Deutscher Eisenhüttenleute (VDEh) die Gründung eines Instituts für Eisenforschung, das seinen endgültigen Standort schließlich in Düsseldorf, dem Sitz des VDEh, erhielt. Daneben wurde noch im Krieg die Gründung eines schlesischen Kohlenforschungsinstituts, das zum 1.10. 1918 Räume im Physiko-Chemischen Institut der Technischen Hochschule Breslau erhielt, in die Wege geleitet.[53] Weitere Institute für Metallforschung, Textilforschung und Lederforschung waren bereits bei Kriegsende in der Planung zum Teil weit fortgeschritten. Bei der Gründung bzw. Planung dieser industrienahen Institute kam der wesentliche Anstoß von der Furcht vor einem Wirtschaftskrieg der Alliierten gegen Deutschland nach dem Krieg, dem man unter anderem durch eine Verwissenschaftlichung der Produktion, durch gezielte Zukunftsinvestitionen und eine davon erhoffte Verbesserung der Wettbewerbsposition der Wirtschaft begegnen wollte.[54]

3. Forschungsförderung in der Zwischenkriegszeit und im Zweiten Weltkrieg

Nach dem Ersten Weltkrieg geriet die Kaiser-Wilhelm-Gesellschaft wie andere wissenschaftliche Institutionen in eine schwere Krise. Diese beruhte auf dem weitgehenden Verlust ihres Kapitalvermögens, aus dem die Gesellschaft zu einem erheblichen Teil finanziert worden war, durch die Inflation. Die Inflation hatte auch zur Verarmung vieler der privaten Geldgeber der Gesellschaft geführt und machte es fast unmöglich, neue Mäzene zu gewinnen. Außerdem wurden den Instituten die staatlichen Gelder entzogen, die im Ersten Weltkrieg für kriegswichtige Forschungen gegeben worden waren.[55] Weiterhin wurden die außeruniversitären Forschungseinrichtungen wie die gesamte deutsche Wissenschaft durch ihre Isolierung von der Scientific Community der alliierten Länder schwer getroffen.[56] Dieser Boykott der deutschen Wissenschaft, die vor dem Krieg ein so hohes internationales Prestige gehabt hatte, basierte nicht nur auf dem Haß, den der Krieg bei den Gegnern Deutschlands allgemein erzeugt hatte, sondern auch auf der selbst in neutralen Ländern weitverbreiteten Auffassung, daß sich die deutsche Wissenschaft im Krieg besonders kompromittiert habe, so durch ihre Identifizierung mit dem deutschen Militarismus in einer „Erklärung der Hochschullehrer des Deutschen Reiches“ und in dem sogenannten Aufruf der 93 „An die Kulturwelt“ vom Oktober 1914.[57] Auch war man sich der entscheidenden Rolle bewußt, die deutsche Wissenschaftler bei der Einführung und ständigen Verschärfung des Gaskriegs gespielt hatten.

Die relativ schnelle und erfolgreiche Überwindung der Krise resultierte vor allem aus dem erstaunlich guten Weiterfunktionieren der vor dem Ersten Weltkrieg geknüpften sozialen Verbindungsnetze zwischen den Repräsentanten der Wissenschaft, einigen führenden Vertretern der Wirtschaft und den Spitzen der

Wissenschaftsbürokratie. Die Wissenschaft fand zudem in den Parlamenten und fast allen Parteien mächtige neue Bundesgenossen. Das ermöglichte es dem Reich, bei der Forschungsfinanzierung an die Stelle privater Förderer zu treten.

Mit erstaunlicher Einmütigkeit teilten besonders in den ersten Jahren nach dem Weltkrieg die politischen, sozialen, wirtschaftlichen und wissenschaftlichen Eliten die Auffassung, daß die Wissenschaft – wie die Industrie – als eine Art Ersatz für die verlorene politische Macht ein bedeutendes Kraftreservoir für den nationalen Aufbau vor allem auf wirtschaftlichem Gebiet, für die Vergewisserung der nationalen Identität angesichts der zunehmenden sozialen und politischen Spannungen, für die Überwindung der internationalen Isolation und die Stärkung der deutschen Stellung in der Welt darstelle. Der Historiker kann darin bemerkenswerte Parallelen erkennen: Zum einen zum Anfang des 19. Jahrhunderts, als der preußische Staat nach der Niederlage gegen Napoleon trotz seiner finanziellen Notlage durch die Unterstützung der Wissenschaften die Neubelebung und Integration des Staates zu fördern versuchte.[58] Zum anderen auch zur Zeit nach dem Zweiten Weltkrieg, als die Wissenschaft ebenfalls als eine Art Machtersatz, als ein Kristallisationskern für die Wiedergewinnung der durch die Greuel des Nationalsozialismus tief erschütterten nationalen Identität sowie als Schlüssel für den Zugang zur internationalen Völkergemeinschaft diente.

Die Kaiser-Wilhelm-Gesellschaft, die trotz der Flucht und Abdankung Wilhelms II. ihren Namen beibehielt, trat in der Weimarer Republik in eine Phase rapider Expansion durch die Schaffung vieler neuer Institute und Forschungseinrichtungen, durch die Entwicklung von einer preußischen zu einer gesamtdeutschen Institution sowie durch den Übergang von einer überwiegend privaten zu einer vornehmlich öffentlichen Finanzierung. Dabei übernahm das Reich eine zentrale Rolle. Es hatte schon im Krieg im Interesse der Kriegswirtschaft eine Art zentrale Planungskompetenz für die Forschung in den verschiedensten Bereichen für sich in Anspruch genommen und erhielt nun in Artikel 142 der Weimarer Verfassung neben den Ländern eine

Das Bild zeigt das Schloß in Berlin, in dem die 1920 gegründete Notgemeinschaft der Deutschen Wissenschaft ihren Sitz hatte.

Kompetenz zum „Schutz" und zur „Pflege" der Wissenschaft und ihrer Lehre.[59] Der Anteil des Reiches an der Finanzierung der KWG überstieg die Leistungen Preußens und die insgesamt geringen Beiträge anderer Länder in den letzten Jahren der Weimarer Republik schließlich um etwa das Vierfache.[60]

In den ersten Krisenjahren der Weimarer Republik bildeten sich auch die weiteren, bis heute fortwirkenden Strukturen des deutschen Wissenschaftssystems heraus. 1920 wurde die Notgemeinschaft der Deutschen Wissenschaft,[61] die Vorgängerin der heutigen Deutschen Forschungsgemeinschaft, gegründet. Ihre Grundidee – die Förderung bestehender wissenschaftlicher Institutionen vor allem an den Universitäten – wurde bereits in einer Denkschrift Walther Rathenaus vom 14. März 1910 vorweggenommen.[62] Allerdings sollte die von Rathenau vorgesehene Gesellschaft sich auch auf die Förderung der Künste erstrecken und als „Mittelglied zwischen einer staatlichen Institution und

Der Hauptausschuß der Notgemeinschaft der Deutschen Wissenschaft am 19. 10. 1929 in Weimar. Etwa in der Mitte des Tisches auf der linken Seite sind der Präsident der Notgemeinschaft Friedrich Schmidt-Ott und hinter ihm (mit Brille) Prälat Professor Dr. Georg Schreiber zu erkennen.

einem Verein" in Ortsgruppen und Provinzialverbänden eine möglichst große Zahl ordentlicher und außerordentlicher Mitglieder erfassen, die neben staatlichen Zuschüssen und Stiftungen die Hauptlast der Finanzierung tragen sollten. Die Notgemeinschaft wurde dagegen vor allem aus Mitteln des Reiches, die durch Spenden auch aus dem Ausland und relativ geringe Zuwendungen des am 14. 12. 1920 gegründeten „Stifterverbandes der Notgemeinschaft der Deutschen Wissenschaft" ergänzt wurden, finanziert. Die Verteilung der Gelder erfolgte vor allem über ein System von 21 Fachausschüssen für die einzelnen Wissenschaftszweige. Diese Organisationsstruktur wurde offenbar von den Modellen der 1902 in den Vereinigten Staaten errichteten Carnegie Institution mit ihren 18 Fachausschüssen und der im Herbst 1916 auf Anregung von Fritz Haber von Leopold

Prälat Georg Schreiber (1882–1963). Kulturpolitischer Sprecher der Zentrumspartei und als Mitglied der Budgetkommission des Reichstages bedeutender Wissenschaftspolitiker der Weimarer Republik.

Koppel finanzierten, in Fachausschüsse gegliederten Kaiser Wilhelm Stiftung für kriegstechnische Wissenschaft, die nach dem Krieg zunächst in Kaiser Wilhelm-Stiftung für technische Wissenschaft umbenannt und 1925 aufgelöst wurde, übernommen.[63]

Für die Entwicklung der Notgemeinschaft ist es kennzeichnend, daß sie schon frühzeitig den Weg zur Förderung kollektiver Forschung beschritt. So waren bereits 1925 Friedrich Schmidt-Ott und Fritz Haber mit einem Vorstoß zur Begründung eines Sonderfonds für „Gemeinschaftsforschung" erfolgreich, der die Durchführung langfristiger interdisziplinärer

Carl Heinrich Becker (1876–1933). Orientalist. Preußischer Kultusminister 1921 und 1925–30. Dritter Vizepräsident der Kaiser-Wilhelm-Gesellschaft 1930–33.

Forschungen zur Förderung der nationalen Wirtschaft, der Volksgesundheit und des Volkswohls[64] ermöglichen sollte. Daneben wurden die Forschungsvorhaben individueller Wissenschaftler unterstützt, Forschungsstipendien bewilligt und die Anschaffung wissenschaftlicher Literatur durch die Bibliotheken gefördert. Mit der Gemeinschaftsforschung, der Vorläuferin der heutigen Schwerpunktprogramme, tat die Notgemeinschaft auch den Schritt von der bloßen Begutachtung der von außen an sie herangetragenen Anträge zur systematischen geplanten Forschungsförderung.[65]

Das Verhältnis der Notgemeinschaft und der KWG zur Wei-

Friedrich Schmidt (-Ott) (1860–1956). Engster Mitarbeiter von Althoff. Letzter königlich-preußischer Kultusminister 1917/1918. Mitbegründer der Kaiser-Wilhelm-Gesellschaft. Erster Präsident der Notgemeinschaft der Deutschen Wissenschaft 1920–1934.

marer Demokratie blieb ambivalent. Die Dominanz konservativer Kräfte in der Notgemeinschaft führte zu scharfen Angriffen des linksliberalen preußischen Kultusministers Carl Heinrich Becker und der Sozialdemokratie auf sie. Man warf ihr die Herrschaft einer verknöcherten Gerontokratie, die fast diktatorische Stellung Schmidt-Otts als Präsident der Notgemeinschaft (1920–1934) und die Vergabe von Mitteln für überflüssige Projekte oder republikfeindliche Wissenschaftler vor und forderte mit einigem Erfolg eine stärkere Kontrolle der Ausgabenpolitik der Notgemeinschaft durch Vertreter des Staates.

Die Furcht vor einer zunehmenden Abhängigkeit von „gewissen politischen Kräften“ durch die weit überwiegende Finanzierung durch den Staat und die 1929/30 einsetzende

Gustav Krupp von Bohlen und Halbach (1870–1950). Seit der Heirat mit Bertha Krupp 1906 Leiter des Krupp-Konzerns. Vorsitzender des Reichsverbandes der Deutschen Industrie 1931–34. Größter Mäzen und erster Vizepräsident der Kaiser-Wilhelm-Gesellschaft 1911–1937.

Kritik an der Unvorsichtigkeit und mangelnden Transparenz ihrer Ausgabenpolitik veranlaßten schließlich den mächtigen Generaldirektor der Kaiser-Wilhelm-Gesellschaft Friedrich Glum zu dem Versuch, dem Einfluß des Staates entgegenzuwirken. Er warb auch für die Zentrale der Gesellschaft gezielt um Gelder aus der Industrie, die bisher vor allem einzelne Institute unterstützt hatte. Sein Appell, der zunehmenden Macht staatlicher Stellen in der KWG durch Erhöhung der finanziellen Zuschüsse der Industrie zu begegnen, traf zwar bei führenden Industriellen, die Gustav Krupp von Bohlen und Halbach am 10. März 1930 zur Diskussion der Vorschläge auf die Villa Hügel geladen hatte, auf offene Ohren. Er blieb aber wegen der Verschärfung der Weltwirtschaftskrise und der schließlichen

Machtergreifung der Nationalsozialisten, die die Notgemeinschaft und die Kaiser-Wilhelm-Gesellschaft einer viel schärferen Kontrolle ihrer Finanzen und einer sehr viel weitergehenden Einschränkung ihrer wissenschaftlichen Autonomie als in der Weimarer Republik unterwarfen, ohne größere Konsequenzen.[66]

Die Geschichte der deutschen Forschung im Nationalsozialismus ist trotz einer Fülle von Untersuchungen zu einzelnen Wissenschaftszweigen und wissenschaftlichen Institutionen noch immer nicht geschrieben. Die Forschung litt an der erzwungenen Emigration und der Entlassung der jüdischen Wissenschaftler, zu denen mit Fritz Haber auch einer der Initiatoren der Notgemeinschaft und einer der führenden Repräsentanten der Kaiser-Wilhelm-Gesellschaft gehörte, an der zunehmenden Isolierung Deutschlands in der Scientific Community, an den Angriffen auf die Freiheit der Forschung und die Selbstverwaltung wissenschaftlicher Institutionen, aber auch an dem Kompetenzwirrwarr in Forschungsfragen auf der Seite des Staates. Die polykratische Natur des NS-Staates und die damit gegebenen Rivalitäten verschiedener Machtzentren haben auch in der Wissenschaftspolitik die Festlegung klarer Ziele der Forschung und deren Steuerung erschwert. Obwohl so entscheidende Voraussetzungen einer erfolgreichen staatlichen Forschungspolitik nicht gegeben waren, hat doch der säkulare Trend zur Großforschung, der in dem von 250 000 Mitarbeitern getragenen Manhattan-Projekt zur Entwicklung und zum Bau der Atombombe in den Vereinigten Staaten seinen endgültigen Durchbruch erlebte,[67] auch in Deutschland seinen Niederschlag gefunden.

Die international zu beobachtende wissenschaftsimmanente Tendenz zum exponentiellen Anstieg der finanziellen und apparativen Aufwendungen für die Forschung vor allem seit den 1930er Jahren soll an zwei Beispielen demonstriert werden:

Abbildung 1 zeigt den Anstieg der Teilchenenergie in der Beschleunigerentwicklung seit den Anfängen um 1930. Wir erkennen, daß in einem Zeitraum von ca. 7–8 Jahren die erforderliche Energie um den Faktor 10 wächst. Damit einher geht das Wachs-

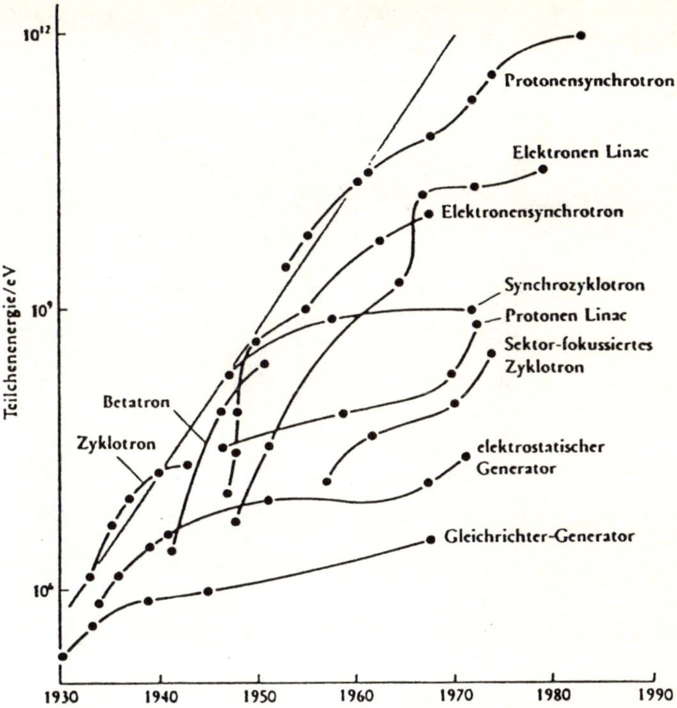

Abb. 1: Anstieg der Teilchenenergie in der Beschleunigerentwicklung[68]

tum der Beschleunigeranlagen in geradezu gigantische Größen. Der Welt größter Teilchenbeschleuniger steht derzeit im europäischen Kernforschungszentrum CERN (nach der ursprünglichen französischen Bezeichnung ‚Conseil Européen pour la Recherche Nucléaire') in Meyrin bei Genf. Er wurde offiziell am 13.11.1989 in Betrieb genommen und kostete rund 1,8 Milliarden DM. Mit 27 km Länge ist der ‚Große Elektronen-Positronen-Kollidering' LEP (= Large Electron Positron) die leistungsfähigste Beschleunigeranlage der Welt. Elektronen und ihre Gegenstücke aus Antimaterie Positronen werden mit nahezu Licht-

CERN: Bild des Tunnels mit einem Teil des ‚Großen-Elektronen Positronen-Kolliderrings' LEP.

geschwindigkeit in diesem unterirdischen Ring herumgejagt und prallen dann aufeinander. Vier Detektoren von der Größe von vierstöckigen Häusern, die über den Ring verteilt sind, fangen die dabei entstehenden Materiebruchstücke auf und analysieren sie.

Abbildung 2 zeigt die Zunahme der Antriebsleistung von Windkanälen seit den Anfängen um die Jahrhundertwende. Wiederum läßt sich ein Wachstum um den Faktor 10 in Perioden von etwa 12 Jahren erkennen. Freilich trat in der Strömungsforschung bereits nach der Jahrhundertmitte aus technischen Gründen – höhere Antriebsleistungen lassen sich in vernünftigem Kostenrahmen nicht mehr zur Verfügung stellen – eine Stagnation ein.

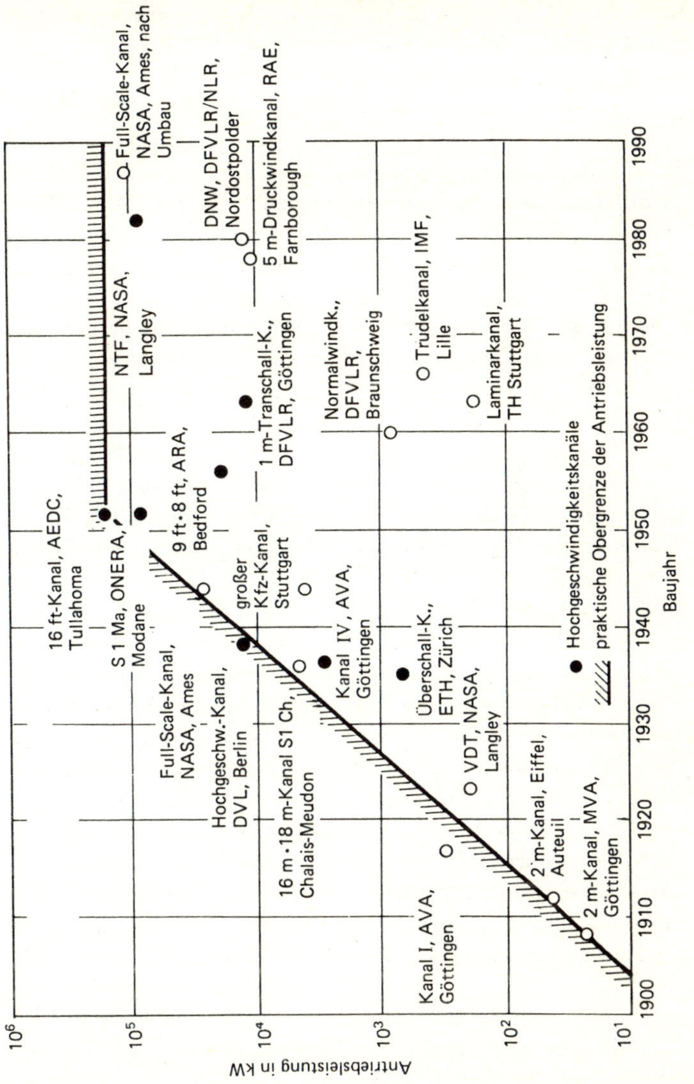

Abb. 2: Zunahme der Antriebsleistung von Windkanälen[69]

Auch Beispiele aus dem Bereich der Literaturproduktion würden zeigen, daß die Zahl der wissenschaftlichen Veröffentlichungen und Periodika ebenfalls ständig und voraussagbar exponentiell ansteigt. Diese wissenschaftsimmanente Wachstumstendenz, die Anfang der 1960er Jahre von dem bekannten Wissenschaftssoziologen Derek J. de Solla Price erstmals herausgearbeitet wurde,[70] und die weitgehende Entkoppelung der Forschung von finanziellen Beschränkungen während der Aufrüstung und des Zweiten Weltkrieges führten in ihrer Verknüpfung zu Großforschungsstrukturen.

In der Zeit des Nationalsozialismus hat eine vom Staat massiv unterstützte Industrieforschung aus ökonomischen, aber vor allem auch aus militärischen Gründen auf eine weitgehende Unabhängigkeit des Landes von Rohstoffeinfuhren aus dem Ausland gezielt. Die Forschung und Entwicklung der großen Wirtschaftskonzerne wurde – unter dem Druck des rückläufigen Welthandels in der Weltwirtschaftskrise und der zunehmenden Rolle des Staates in der Wirtschaft – zur Sicherung des ökonomischen Überlebens und der weiteren Expansion der Unternehmen zum wichtigen Träger der Aufrüstungs- und Kriegspolitik des Regimes. Auch die direkt vom Staat in Universitäten und außeruniversitären Forschungseinrichtungen finanzierten Naturwissenschaftler haben sich – trotz einer nicht selten deutlichen Distanz zur Ideologie und zum Populismus des Nationalsozialismus und trotz ihres Bemühens um die Bewahrung wissenschaftlicher Autonomie – mit wenigen Ausnahmen in den Dienst der Autarkie- und Expansionspolitik des Regimes gestellt. Zusammen mit ihren Bündnispartnern in der Großindustrie und der Wehrmacht nützten sie die für den Aufbau der Kriegsmaschinerie reichlich fließenden Forschungsgelder zur Durchführung oft lang geplanter, aber bisher an mangelnden Mitteln scheiternder Forschung aus.[71]

Die Kooperation mit dem Regime war besonders eng in der Luftfahrtforschung des Dritten Reiches, in der bereits die typischen Strukturmerkmale der heutigen Großforschung zu erkennen sind:[72] Dazu gehören die große Zahl von Beschäftigten – 1944 immerhin um 10000 –, die privatrechtliche Organisations-

Luftaufnahme der Anlagen von CERN in der Nähe von Genf. Der große Kreis zeigt die Lage des sich über 27 km erstreckenden Tunnels mit der LEP (Large Electron Positron) Maschine, die im Juli 1989 in Betrieb genommen wurde. Der kleine Kreis kennzeichnet die Lage des 7 km langen Tunnels mit dem Super-Protonensynchrotron (SPS), der 1976 in Betrieb genommen wurde.

form, die enge Verknüpfung der Interessen von Staat, Wirtschaft und Wissenschaft, die Einbindung verschiedener Wissenschaftsdisziplinen in gemeinsame Aufgaben und der hohe Anteil des Staates an der Finanzierung und Festlegung der Ziele der Forschung. Diese Merkmale gehen allerdings weitgehend schon auf die Zeit vor dem Ersten Weltkrieg – den Beginn der deutschen Luftfahrtforschung – zurück, ohne daß man jedoch vor der massiven Expansion der eingesetzten Ressourcen seit den späten 30er Jahren schon von Großforschung sprechen kann.

Gleichsam die deutsche Variante des „Manhattan-Projects" war das Projekt zur Entwicklung einer ballistischen Großrakete. Bereits gegen Ende der 1920er Jahre hatte sich die Reichswehr die Dienste der vielversprechenden Gilde junger Raketenforscher um Wernher von Braun gesichert. Nach der Machtergreifung Hitlers wurde auf der Ostseeinsel Usedom die „Heeresversuchsanstalt Peenemünde" aufgebaut, ein wissen-

Wernher Freiherr von Braun (1912–1977). Physiker und Raketenforscher. 1937–1945 technischer Direktor des Raketenwaffenprojekts der Heeresversuchsanstalt in Peenemünde. Seit 1945 in den USA hatte er wesentlichen Anteil an Konzeption und Durchführung des amerikanischen Raumfahrtprogramms.

schaftlich-technisches Zentrum von in Deutschland einzigartiger Größenordnung.

Die Flüssigtreibstoffrakete A 4, die als V 2 auf Ziele in England und Belgien verschossen wurde, entstand ebenso wie die amerikanische Atombombe in langjähriger Forschungs- und Entwicklungsarbeit eines hochqualifizierten und -motivierten Teams von Tausenden von Wissenschaftlern und Ingenieuren. Hunderttausende von Arbeitskräften – zum großen Teil Kriegsgefangene, die unter unmenschlichen Bedingungen arbeiten und leben mußten – waren in Deutschland daran beteiligt.

Ohne den schützenden Mantel der Heeresverwaltung wäre das Peenemündeprogramm jedoch nicht zu realisieren gewesen. General Dornberger, dem militärischen Leiter von Peenemünde, gelang es, Eingriffe konkurrierender Machtträger des Regimes unter Berufung auf den „Führerbefehl" so weit wie möglich zu verhindern. Hervorragendes Fachwissen gepaart mit organisatorischer Kompetenz ergaben eine für das Dritte Reich außergewöhnliche Konstellation, die den technologischen „Erfolg" des Großforschungsprojekts in Peenemünde ermöglichte.[73]

Der historische Überblick bis zum Ende des Zweiten Weltkriegs sollte verdeutlichen, daß die Großforschung in Deutschland Wurzeln hat, die vor allem über die Forschungsanstalten des Reiches und über die Kaiser-Wilhelm-Gesellschaft bis in das Ende des 19. und den Beginn des 20. Jahrhunderts zurückreichen. Wie bei der Entwicklung der Gaswaffen im Ersten Weltkrieg wurde vor dem und im Zweiten Weltkrieg vor allem in der Luftfahrt- und Raketenforschung der Übergang zur modernen Großforschung vollzogen, ohne daß es zunächst aufgrund der deutschen Niederlagen und der folgenden Verbote und Restriktionen der Alliierten zur dauerhaften Etablierung von Großforschungseinrichtungen kam.

4. Der Wiederaufbau der deutschen Wissenschaftsorganisationen und die Entstehung der frühen Kernforschungszentren 1945–1960

In der Geschichte der deutschen Forschungsförderung – wie in so vielen anderen Bereichen – ist das Jahr 1945 keine Stunde Null. Im Wiederaufbau der deutschen Wissenschaft gab es vielmehr starke Kontinuitäten. Das gilt sowohl für die Institutionen – die Universitäten, die in Max-Planck-Gesellschaft umbenannte und auch durch ihre privatrechtliche Organisationsform vor dem Zugriff der Alliierten in gewissem Umfang geschützte Kaiser-Wilhelm-Gesellschaft, den Stifterverband und die Notgemeinschaft der Deutschen Wissenschaft – als auch für die Personen, die die Forschung und die Forschungsförderung in der Weimarer Republik und – mit einem unterschiedlichen Grad der Verstrickung in den Nationalsozialismus – im Dritten Reich getragen hatten.[74]

Der Plan des 1932 mit dem Nobelpreis ausgezeichneten bedeutenden Physikers Werner Heisenberg scheiterte, mit dem auf seine Initiative gegründeten Deutschen Forschungsrat eine neue Institution zu schaffen, die sich in bewußter Orientierung auf den Bund von restaurativen Tendenzen absetzen und zum Instrument der Durchsetzung einer stärker verwissenschaftlichten Politik wie auch zum Sprachrohr für eine bewußt in die Politik und die öffentliche Diskussion eingreifende Wissenschaft werden sollte. Gegen diesen Plan wandte sich die Notgemeinschaft, mit der der Forschungsrat schließlich 1951 zur Deutschen Forschungsgemeinschaft (DFG) verschmolzen wurde. Der Forschungsrat traf weiter auf das Mißtrauen der Länder, die eine Aushöhlung ihrer Kompetenzen im Bereich der Forschung durch den Bund befürchteten. Auch waren angesichts des politischen Mißbrauchs der Wissenschaft in der Zeit des Nationalsozialismus weder die meisten Hochschullehrer noch die

Werner Heisenberg (1901–1976). Atom- und Kernphysiker. Langjähriger Direktor des Kaiser-Wilhelm-Instituts für Physik und des Max-Planck-Instituts für Physik und Astrophysik. Nobelpreis 1932. Hatte wesentlichen Einfluß auf die deutsche Wissenschafts- und Forschungspolitik nach 1945.

Kultusminister der Länder bereit, die in Heisenbergs Ideen liegende Politisierung der Wissenschaft zu akzeptieren.[75]

Allerdings konnten die Wissenschaftler, die eine alleinige Kompetenz der Länder für Wissenschaft und Forschung ablehnten, mit der Verankerung des Rechts zur konkurrierenden Gesetzgebung des Bundes für „die Förderung der wissenschaftlichen Forschung“ in Art. 74, 13 des Grundgesetzes einen

Hauptausschußsitzung der Deutschen Forschungsgemeinschaft. Es spricht der langjährige Präsident (1964–1973) der DFG, der Forstwissenschaftler Julius Speer (1905–1984).

wichtigen Teilerfolg verbuchen. Die erste Anregung zur Übertragung von Kompetenzen für die Forschung an den Bund war von einer Forschergruppe um Heisenberg ausgegangen, die in einer Eingabe an den Parlamentarischen Rat vom 15.12. 1948 forderte, daß sich die Forschung „wirtschaftlich und politisch unabhängig über alle Ländergrenzen hinweg entwickeln" müsse.[76]

Zunächst lag allerdings der entscheidende Einfluß in der Forschungsförderung bei den Ländern, die sich im Königsteiner Staatsabkommen vom März 1949, dessen Vorverhandlungen eines der Motive für die Eingabe der Wissenschaftler gewesen waren, zur Stärkung des Föderalismus auf die gemeinsame, erst später durch Mittel des Bundes ergänzte Finanzierung regionaler Forschungsinstitute, zu denen vor allem auch die Institute der Max-Planck-Gesellschaft gehörten, einigten.[77]

Kennzeichnend für die in den ersten Jahren der Bundesrepublik dominierende Rolle der Länder in der Forschungspolitik

Die gegenwärtige Geschäftsstelle der DFG in Bonn-Bad Godesberg.

war auch die Gründung der Fraunhofer-Gesellschaft zur Förderung der angewandten Forschung am 26.4. 1949.[78] Sie war hervorgegangen aus einer Verbindung des Bayerischen Wirtschaftsministeriums mit Vertretern der Industrie und der Hochschulen. Eine große Rolle spielten dabei auch das Bayerische Geologische Landesamt und das Oberbergamt, denen es vor allem um die Erschließung und Nutzbarmachung der Bodenschätze Bayerns ging. Ihre weitgehende Konzentration auf Bayern streifte die Gesellschaft, die zunächst von der DFG und dem Stifterverband für die Deutsche Wissenschaft als Konkurrenz angesehen wurde, seit den frühen 1950er Jahren weitgehend ab. Sie beschränkte sich in den ersten Jahren auf die Vermittlung meist zweckgebundener Forschungsgelder der Wirtschaft oder staatlicher Stellen, vor allem aus ERP-Mitteln (European Recovery Program) aufgrund des Marshall-Plans, für wirtschaftsnahe Forschungsvorhaben von Einzelforschern oder Arbeitsteams und die Betreuung von Forschungsarbeiten.

Einen ersten tiefen Einschnitt in der Geschichte der Fraunhofer-Gesellschaft bedeutete die seit 1954 begonnene Gründung eigener Institute in enger Abstimmung mit den zuständigen staatlichen Forschungsreferaten der Sitzländer – zunächst nur Baden-Württemberg und Bayern – oder des Bundes und den Wirtschaftsverbänden oder Industrieunternehmen, die an der Forschungsarbeit der Institute interessiert waren. Die Institute waren ganz auf die Bedürfnisse der potentiellen Auftraggeber, unter denen seit der zweiten Hälfte der 1950er Jahre das neuaufgebaute Bundesministerium für Verteidigung eine besonders wichtige Rolle spielte, zugeschnitten und finanzierten sich zu einem erheblichen Teil aus Einnahmen aus der Vertrags- oder Auftragsforschung.[79] Dabei gab das Bundesverteidigungsministerium, das auf den Aufbau einer bundeseigenen Anstalt für Verteidigungsforschung verzichtete, von 1957–1967 mit seinen Projektaufträgen an Institute der Fraunhofer-Gesellschaft häufig durch die Finanzierung einer Vorlaufphase eine „Starthilfe" für die Entwicklung einer sich später selbsttragenden industriellen Auftragsforschung.[80]

Während mit der Fraunhofer-Gesellschaft bereits 1949 eine neue, allerdings erst Jahrzehnte später zu einer größeren Bedeutung kommende Trägerorganisation wissenschaftlicher Forschung etabliert wurde, war insgesamt jedoch die Mitte der 1950er Jahre die erste große Zäsur in der Entwicklung der Forschungsförderung in der Bundesrepublik. Entscheidende Triebkräfte der institutionellen Neuerungen waren die Besinnung auf die zentrale Rolle besonders der Naturwissenschaften in Wirtschaft und Gesellschaft und die Atomeuphorie nach der ersten internationalen Atomkonferenz im August 1955 in Genf. 1955 wurde das Bundesministerium für Atomfragen, die Keimzelle des heutigen Bundesministeriums für Forschung und Technologie, unter Franz Josef Strauß errichtet. 1956 entstanden die ersten der heutigen Großforschungseinrichtungen als „Reaktorstationen". 1957 wurde der Wissenschaftsrat aufgrund eines Abkommens zwischen Bund und Ländern errichtet, dessen Mitgliedschaft sich aus hervorragenden, von den großen Wissenschaftsorganisationen (DFG, MPG, Westdeutsche Rektorenkonferenz, später auch Arbeitsgemeinschaft der Großforschungseinrichtungen) vorgeschlagenen Wissenschaftlern, anerkannten Persönlichkeiten des öffentlichen Lebens und führenden Beamten des Bundes und der Länder zusammensetzt. Dieses Instrument dient neben der Kooperation von Bund und Ländern in Fragen der Wissenschafts- und Forschungspolitik vor allem auch der Selbststeuerung der Wissenschaft. Die vom Wissenschaftsrat vorgelegten „Empfehlungen zur inhaltlichen und strukturellen Entwicklung der Hochschulen, der Wissenschaft und der Forschung",[81] die schon im Rahmen dieser Institution mit den Interessen von Bund und Ländern abgestimmt wurden, haben seit etwa 1960 die deutsche Wissenschafts- und Forschungspolitik entscheidend bestimmt.

Die Kernphysiker und besonders Werner Heisenberg hatten schon bald nach dem Krieg auf den Ausbau der Atomforschung und den Einstieg in die angewandte Kernphysik gedrängt. Dem standen jedoch zunächst die alliierten Forschungsverbote auf diesem Gebiet wie auch in der Luftfahrt- und Raketentechnik entgegen. Nachdem die kernphysikalische Grundlagenforschung bereits im März 1950 erleichtert worden war, hat schließlich die Wiedergewinnung der deutschen Souveränität mit dem Inkrafttreten der Pariser Verträge am 5.5. 1955 die Hindernisse für Forschungen auch auf dem Gebiet der angewandten Kernphysik, besonders der Reaktorentwicklung, beseitigt.[82]

Kernforschung und Kerntechnik wurden zum ersten Kristallisationskern einer nun vor allem vom Bund bestimmten Forschungspolitik und zum Hauptarbeitsgebiet der in den Jahren 1956–1960 gegründeten ersten Generation von sechs Forschungszentren, die später als Großforschungseinrichtungen bezeichnet wurden. Die Hoffnung auf die Atomkraft als billige, schier unerschöpfliche Energiequelle, die Auffassung, daß die Entwicklung der Kerntechnik und der Aufbau einer eigenen Atomindustrie geradezu eine Existenzgrundlage der deutschen Wirtschaft seien, die Bedeutung der Zusammenarbeit auf dem Gebiet der Atomforschung für die europäische Integration (Gründung von EURATOM 1957), die Absicht, den auf etwa 10–15 Jahre geschätzten Vorsprung des Auslandes, besonders

Versuchsaufbau, mit dem die Wissenschaftler Otto Hahn, Lise Meitner und Fritz Straßmann die Spaltung von Urankernen bei Neutronenbestrahlung (Kernspaltung) entdeckten.

der USA, aufzuholen, schließlich aber auch der Wunsch der deutschen Wissenschaftler, ihre frühere große internationale Reputation auf dem Gebiet der Atomforschung wiederzugewinnen, waren die wesentlichen Antriebskräfte. Sie machten es möglich, daß in der Bundesrepublik in wenigen Jahren sehr große staatliche Ressourcen für die Förderung der Atomforschung und Kerntechnik mobilisiert wurden.

Die deutsche Kernforschung unterschied sich von der der Atommächte USA, Großbritannien und Frankreich vor allem durch das Fehlen militärischer Gesichtspunkte. Hinzu kam eine Organisationsform, die – im Unterschied zu der der älteren Atommächte – auch aus verfassungsrechtlichen Gründen bewußt auf die Schaffung einer mächtigen zentralen Atombehörde verzichtete. Die traditionelle Form der Forschungsförderung über ein Ministerium trug dem Konzept der Selbstverwaltung der Wissenschaft und der föderativen Struktur der Bundesrepu-

Otto Hahn (1879–1968) und der erste Ressortchef des Bundesministeriums für Atomfragen Franz Josef Strauß (1915–1988) im Gespräch während einer außerordentlichen Sitzung des Berliner Abgeordnetenhauses am 1. Oktober 1956. Otto Hahn, Direktor des Kaiser-Wilhelm-Instituts für Chemie 1928–1945 und Präsident der Max-Planck-Gesellschaft 1948–1960, erhielt 1944 den Nobelpreis. Er hatte wesentlichen Einfluß auf den Neuaufbau der deutschen Forschung nach 1945.

blik Rechnung.[83] Dabei entsprach das Wissenschaftsverständnis des Ministeriums, dessen Personal sich anfangs zu einem erheblichen Teil aus der Forschungsverwaltung der DFG rekrutierte, dem traditionell-akademischen Autonomieanspruch der Wissenschaft.[84]

Zur Beratung diente die „Deutsche Atomkommission" mit ihren Fachkommissionen und Arbeitskreisen. Gelegentlich kritisch als „institutionelle Verdichtung der an der Kernenergie interessierten Kreise in Wissenschaft, Wirtschaft und Staat, als Aggregation und Politisierung der Forderungen dieser Gruppen"[85] bezeichnet, hatte die Atomkommission zwar nicht de jure, aber doch de facto weitgehend die Entscheidung über die Förderung mit Bundesmitteln.[86] Dabei war sie im Grunde eine

Sitzung der Deutschen Atomkommission in Bad Godesberg im Mai 1963. Das Bild zeigt von links Otto Hahn, daneben den Staatssekretär im Wirtschafts- und Verkehrsministerium von Nordrhein-Westfalen Leo Brandt (1908–1971), den entscheidenden Initiator einer aktiven Wissenschaftspolitik dieses Landes und stellvertretenden Vorsitzenden der Deutschen Atomkommission, weiter den Bundesminister für wissenschaftliche Forschung Hans Lenz (1907–1968) und den einflußreichen Staatssekretär in diesem Ministerium Wolfgang Cartellieri (1901–1969).

Koordinations- und Prüfungsinstanz, die von außen an sie herangetragene Initiativen aufgriff. Das Fehlen eines zentralen Planes und die Vielfalt der Gruppen und Interessen, die hinter den Bestrebungen zum Ausbau der Atomforschung standen, werden auch in der Entstehung der ersten deutschen Kernforschungseinrichtungen, die auch in ihrer weiteren Geschichte stark von ihrer Gründungskonstellation geprägt wurden, deutlich.

Bei der Errichtung des ersten in der Bundesrepublik gebauten deutschen Kernreaktors[87] in *Karlsruhe* wurde im Unterschied zu der Konzeption Heisenbergs, der den Reaktor durch sein Max-Planck-Institut für Physik in München entwickeln lassen wollte,

Kernforschungszentrum Karlsruhe. Luftaufnahme der Baustelle des Forschungsreaktors FR 2 vom Mai 1959.

während die Industrie erst beim Bau herangezogen werden sollte, von vornherein ein enger Kontakt mit der Industrie gesucht. 65, später nahezu 100 Unternehmen vor allem der chemischen Industrie, der Maschinenbau- und der Elektroindustrie beteiligten sich auch an der Finanzierung der Trägergesellschaft – der 1956 gegründeten Kernreaktorbau- und Betriebsgesellschaft mbH – mit 50%.[88] Die andere Hälfte des Stammkapitals wurde zu drei Fünfteln vom Bund, zu zwei Fünfteln von Baden-Württemberg getragen. An der drei Jahre später für die Forschungs- und Entwicklungsarbeiten, insbesondere die Errichtung kerntechnischer Versuchsanlagen, gegründeten Gesellschaft für Kernforschung waren jedoch nur noch der Bund mit 75% und das Land Baden-Württemberg mit 25% beteiligt. Die ursprünglich vorgesehene enge Zusammenarbeit von Wirtschaft, Staat und Hochschulen – die meisten der führenden Wissenschaftler der Reaktorstation hatten zugleich ein Lehramt an einer Hochschule inne – scheiterte am Interessengegensatz der beteiligten

Kreise. Die Industrie, die lediglich am Bau und Betrieb des Forschungsreaktors interessiert gewesen war und der jetzt der amerikanische Markt mit bereits entwickelten Reaktoren offen stand, lehnte den schon am Ende der 1950er Jahre eingeleiteten Ausbau der Reaktorstation zu einem umfassenden *Kernforschungszentrum* ab. Schließlich zog sie sich durch die unentgeltliche Übertragung ihrer Anteile an den Staat ganz aus dem Unternehmen zurück, das auf die ökonomisch riskante Entwicklung eines Mehrzweckforschungsreaktors und schließlich des „Schnellen Brüters“ zielte und seit 1978 den Namen *Kernforschungszentrum Karlsruhe* GmbH (KfK) erhielt.

Waren bei der Gründung des Kernforschungszentrums Karlsruhe zunächst Staat, Wirtschaft und Wissenschaft – wenn auch mit unterschiedlicher Interessenlage – etwa gleichgewichtig engagiert, so spielten bei der Schaffung der *Kernforschungsanlage Jülich* (KFA), die auf die 1956 gegründete „Gesellschaft zur Förderung der kernphysikalischen Forschung e.V.“ zurückging, zunächst vor allem der massive Einsatz des Landes Nordrhein-Westfalen und die konzeptionellen Vorarbeiten wie die politische Durchsetzungskraft des langjährigen Staatssekretärs im Wirtschaftsministerium des Landes, Leo Brandt, die entscheidende Rolle. Brandt wollte die ökonomische Führungsposition des Ruhrgebietes und Nordrhein-Westfalens durch den raschen Auf- und Ausbau der Kernforschung und Kerntechnik als Grundlage des sich nach seiner Meinung vollziehenden ökonomisch-technischen Strukturwandels in einer zweiten industriellen Revolution behaupten.[89] Zur Verwirklichung dieses Zieles sollte unter staatlicher Planung in enger Zusammenarbeit mit den Hochschulen des Landes in Köln, Bonn und Aachen um eine in sich geschlossene Nukleartechnologie herum ein universelles Kernforschungs- und Technologiezentrum entstehen, in dem die Anwendungsmöglichkeiten der Nukleartechnik in den Forschungsgebieten der verschiedensten Wissenschaften – wie der Medizin, der Chemie, der Biologie und der Agrarwissenschaft – untersucht werden sollten.

Das ehrgeizige Projekt einer landeseigenen universellen Kernforschungsanlage, das auf die deutliche Reserve der auf eine sinn-

Kernforschungsanlage Jülich. Bild des inzwischen abgeschalteten Forschungsreaktors MERLIN, der als ‚Schwimmbadreaktor' den direkten Einblick in den Reaktortank erlaubte.

volle Arbeitsteilung mit dem Kernforschungszentrum Karlsruhe dringenden Deutschen Atomkommission und des Bundesatomministeriums gestoßen war, geriet aber schon Ende der 1950er Jahre in die Krise, da die Unterstützung der Industrie weitgehend ausblieb, die wissenschaftliche Gesamtplanung die beteiligten Forscher überforderte und vor allem die Finanzmittel des Landes nicht ausreichten. So wurde schließlich mit Hilfe hoher Bundeszuschüsse die Kernforschungsanlage Jülich saniert, aber auch in den Rahmen der bundesdeutschen Atomforschung eingefügt.[90]

Otto Hahn und Lise Meitner am Tage der Einweihung des Hahn-Meitner-Instituts für Kernforschung in Berlin am 14.3. 1959 vor der Tafel mit dem Namen des Instituts. Die in Wien geborene Lise Meitner (1878–1968), die ab 1918 die Physikabteilung des Kaiser-Wilhelm-Instituts für Chemie leitete, mußte wegen ihrer jüdischen Abstammung nach dem „Anschluß" Österreichs an das Deutsche Reich 1938 nach Schweden emigrieren.

Kennzeichnend waren und sind aber für die Kernforschungsanlage Jülich, die heute *Forschungszentrum Jülich* GmbH heißt, das breite, wissenschaftliche Spektrum der Forschungsarbeiten, zu denen auch bald die Entwicklung fortgeschrittener Reaktortypen – vor allem des Hochtemperaturreaktors[91] – im Vorfeld kommerzieller Nutzung gehörte, und der für eine multidisziplinäre Forschungseinrichtung hohe Anteil der Grundlagenforschung,[92] die sich kernphysikalischer Großgeräte bediente.

Bei der Gründung der *Gesellschaft für Kernenergieverwer-*

Blick auf das nach oben offene Reaktorbecken des Forschungsreaktors im Hahn-Meitner-Institut.

tung in Schiffbau und Schiffahrt (GKSS) 1956,[93] der heutigen *GKSS-Forschungszentrum Geesthacht* GmbH, gingen die hinter der Initiative stehenden Wissenschaftler von dem Plan eines auf die Interessen der norddeutschen Küstenländer, vor allem aber der Hamburger Wirtschaft, zugeschnittenen Unternehmens aus, das ausdrücklich auf kommerzielle Nutzung ausgerichtet war. Auch hier zeigte sich aber, daß die Pläne angesichts der Zurückhaltung der Wirtschaft und der ständig steigenden Kosten nicht ohne die massive Unterstützung des Bundes, der auch Mittel von EURATOM für das Projekt der Entwicklung von Schiffsreaktoren mobilisierte, zu verwirklichen waren.

Im Fall des *Hahn-Meitner-Instituts* (HMI) für Kernfor-

Der erste Ringbeschleuniger auf dem DESY-Gelände, das Elektronen-Synchrotron „DESY“, nach dem das Forschungszentrum auch benannt ist (Umfang: 300 m). Die Aufnahme entstand kurz vor der Inbetriebnahme 1964.

schung[94] ging die Gründung von einer Initiative der Berliner Hochschulen im Herbst 1955 aus. Der Erwartung der Berliner Wirtschaft, daß das neue Institut vor allem auf die Bedürfnisse industrieller Zweckforschung ausgerichtet sein würde, widersprachen bereits die Festlegung auf die Anschaffung eines einfachen kleinen Forschungsreaktors statt eines auch für industrielle Belange geeigneten Leistungsreaktors sowie die Wahl der Rechtsform einer unselbständigen Landesanstalt bei der Gründung 1956. Diese wurde allerdings zum 1.1. 1971 wegen der mangelnden Flexibilität in der Bewirtschaftung der Mittel und der geringen Finanzkraft Berlins, die eine überwiegende Bundesfinanzierung notwendig machte, zugunsten der privatrechtlichen Konstruktion einer GmbH aufgegeben. Dennoch blieben die enge Bindung an die Berliner Universitäten und damit verbunden ein hoher Grad an Autonomie des Instituts wie dessen vorwiegende Orientierung auf Grundlagenforschung erhalten.

Ausschließlich in den Bereich der Grundlagenforschung gehört das *Deutsche Elektronen-Synchrotron* (DESY),[95] das vor

Der 6,3 km lange HERA-Ringtunnel von DESY in einem Bogen. Hier werden Protonen bei einer Energie von 820 Giga-Elektronenvolt und Elektronen bei 30 GEV in Magnetfeldern auf ihrer Bahn gehalten und an bestimmten Kreuzungspunkten beinahe mit Lichtgeschwindigkeit zur Kollision gebracht. Aus den Bruchstücken hofft man, neue Einblicke in die Grundbausteine der Materie zu gewinnen. Der Protonen-Speicherring steht über dem Elektronen-Ring. Rechts oben erkennt man die Helium-Transferleitung zur Kühlung der supraleitenden Magnete des Protonen-Ringes. Aufnahme vom September 1990.

allem auf die Initiative des 1955 zum Direktor des Hamburger Universitätsinstituts für Physik berufenen Kernphysikers Willibald Jentschke hin vom Bund und von der Stadt Hamburg errichtet wurde. Das Hauptziel dieser seit Ende 1959 von einer Stiftung getragenen Forschungseinrichtung war es, durch den Aufbau, den Betrieb und die wissenschaftliche Nutzung eines Hochenergiebeschleunigers die physikalische Grundlagenforschung auf dem Gebiet der Atomkerne und Elementarteilchen zu fördern und damit auch den in den 1950er Jahren gegebenen deutschen Rückstand im Bereich der Hochenergiephysik auszugleichen.

Als letzte der im Kontext der Kernforschung entstandenen großen Forschungseinrichtungen „der ersten Generation" wurde 1960 das *Institut für Plasmaphysik* (IPP) in Garching,[96] in der die Max-Planck-Gesellschaft und Werner Heisenberg die einzigen Gesellschafter waren, als selbständige GmbH gegründet. Die wesentlichen Triebkräfte der Gründung waren die innere Entwicklung des Max-Planck-Instituts für Physik, das unter Heisenbergs Leitung in den 1950er Jahren auf dem Gebiet der theoretischen Plasmaphysik in der Welt führend war, der Einfluß der internationalen Fusionsforschung, der mit der zweiten Genfer Atomkonferenz von 1958 einen Höhepunkt erreichte, sowie die Förderung der Fusionsforschung durch EURATOM. Der Druck des Bundes, der neben EURATOM das Institut zunächst ausschließlich finanzierte, auf maßgebliche Beteiligung an der Trägergesellschaft führte schließlich dazu, daß das Institut, ohne dadurch seinen Status als Großforschungseinrichtung und die damit verbundene spezifische Form der Finanzierung zu verlieren, mit Unterstützung der Länder am 1.1. 1971 in die Max-Planck-Gesellschaft eingegliedert wurde.

In der Form der Forschungsorganisation sind die Max-Planck-Gesellschaft und die heutigen Großforschungseinrichtungen *im Prinzip* klar unterschieden. Bei der MPG handelt es sich um eine Trägerorganisation nicht rechtsfähiger, durch Beschlüsse der Organe dieser Gesellschaft entstandener Institute, die heute im wesentlichen aus Mitteln von Bund und Ländern über die MPG finanziert und innerhalb eines gewissen Spielraums nach gleichen Grundsätzen gelenkt und verwaltet werden. Die Forschung ist dabei auf wissenschaftlich besonders wichtige und zukunftsträchtige Schwerpunkte vor allem der Grundlagenforschung konzentriert, die von Universitätsinstituten wegen der notwendigen Konzentration größerer Personal- und Sachmittel und der Langfristigkeit der Projekte nicht untersucht werden können. Die Institute der Max-Planck-Gesellschaft ergänzen so die universitäre Forschung, ohne daß Staat oder Wirtschaft einen direkten, über die Bereitstellung der Finanzmittel hinausgehenden Einfluß auf die Ziele und die Durchführung der Forschung erhalten sollen.

Die Großforschungseinrichtungen, die seit Mitte der 1950er Jahren entstanden und schließlich zu wesentlichen Trägern einer

Blick auf den Stellarator WENDELSTEIN II A im Max-Planck-Institut für Plasmaphysik in Garching bei München. Dieses Fusionsexperiment ging 1968 in Betrieb.

staatlichen Forschungspolitik vor allem in den Bereichen Kernenergie und Kerntechnik, Raumfahrt, Datenverarbeitung, Umwelt- und Gesundheitsforschung, Polar- und Meeresforschung und Neue Technologien wurden, sind dagegen separat entstandene rechtsfähige Einheiten ohne eigene Trägerorganisation, die erst seit den 1960er Jahren eine gewisse gemeinsame Identität entwickelten. Sie schufen sich in der Arbeitsgemeinschaft der Großforschungseinrichtungen (AGF) 1970 eine lockere Dachorganisation ohne Exekutivfunktionen zur Vertretung gemeinsamer Interessen und wurden schließlich in der Form ihrer Grundfinanzierung, in der der Bund später mit 90% den Löwenanteil übernahm, angeglichen. Obwohl sie sich keineswegs auf anwendungsorientierte Forschungen und technische Entwicklungen beschränken, sondern vielfach Grundlagenforschung betreiben, weisen sie eine sehr viel größere Nähe zum Staat auf, an dessen Förderschwerpunkten sie sich orientieren, wie auch zur Wirtschaft, die sie unter anderem durch die Entwicklung neuer Technologien im Vorfeld industrieller Produktion und den möglichst schnellen Transfer ihrer Forschungsergebnisse unterstützen sollen.

Ein Blick auf die Geschichte der Kaiser-Wilhelm- bzw. der Max-Planck-Gesellschaft zeigt jedoch, daß diese Unterschiede zwischen den Idealtypen ihrer Institute und den Großforschungseinrichtungen nicht überbetont und die Parallelen nicht unterschätzt werden sollten. So waren etwa bei der Gründung der ersten chemischen Institute der Kaiser-Wilhelm-Gesellschaft, die an die Stelle einer ursprünglich geplanten Chemischen Reichsanstalt traten, Anstöße von außen entscheidend. Diese spielten auch bei der Schaffung des Instituts für Kohlenforschung in Mülheim an der Ruhr eine wichtige Rolle. Auch gab es Versuche, die Forschung an extern vorgegebenen Zielen zu orientieren. Die Institutsgründungen vor 1914 wurden wesentlich durch hohe zweckgebundene Spenden eines oder mehrerer privater Mäzene erleichtert oder beschleunigt.[97] Die Finanzierung der Institute war und ist zum Teil auch heute noch unterschiedlich.[98] Außerdem spielten nicht nur allgemeine Hoffnungen, die Wettbewerbsfähigkeit der deutschen Industrie durch den Ausbau der naturwissenschaftlichen Forschung zu stärken, sondern auch konkrete Verwertungsabsichten der Wirtschaft teilweise bei Institutsgründungen der KWG eine wesentliche Rolle.

Die Max-Planck-Gesellschaft hatte bereits seit 1959 immer wieder den Anspruch auf Beteiligung auch an der Großforschung erhoben.[99] Die eigenständige Herausbildung der Großforschungseinrichtungen als neuer Organisationsform der wissenschaftlichen Forschung wurde dabei von ihr zunächst sehr kritisch beobachtet. Insbesondere war man über den vor allem in den 1960er Jahren diskutierten Vorschlag, eine konkurrierende Trägerorganisation für Großforschungseinrichtungen zu schaffen, die nach Heisenbergs Meinung früher oder später „der Max-Planck-Gesellschaft allen Wind aus den Segeln nehmen" müßte,[100] aufs Höchste alarmiert. Man sah in der eigenen Gesellschaft die geeignete Trägerorganisation auch für Großforschungseinrichtungen. In diesem Zusammenhang standen auch die schließlich gescheiterten Bestrebungen der MPG, das Deutsche Elektronen-Synchrotron (DESY) zu übernehmen. Dagegen gelang es, die seit der Gründung 1960 bestehende enge Verbindung mit dem Institut für Plasmaphysik, das sich in seiner Größe und seiner ganz überwiegend vom Bund getragenen Finanzierung von den „normalen" Instituten der Gesellschaft unterschied, weiter zu festigen und schließlich das Institut 1971 in die Gesellschaft zu integrieren.[101] Insgesamt lief jedoch die Entwicklung der Großforschungseinrichtungen an der Max-Planck-Gesellschaft vorbei.

Die Zentren erhielten in den 1960er Jahren einen besonders hohen Zuwachs an Forschungsgeldern,[102] während sie sich gleichzeitig – worauf später noch eingegangen wird – neben der Kernforschung und Kerntechnik auf andere Forschungsgebiete ausdehnten und langsam eine spezifische Identität herausbildeten.

Die ersten Großforschungszentren waren trotz mancher Rückschläge wissenschaftlich recht erfolgreich. Sie leisteten z. B. einen wesentlichen Beitrag zur Entwicklung des Leichtwasserreaktors. Die Beispiele des „Schnellen Brüters" und des Hochtemperaturreaktors zeigen jedoch, daß die Hoffnungen auf eine auch ökonomisch tragfähige Fortentwicklung der Kerntechnik, z. T. auch wegen der veränderten gesellschaftlichen und politischen Rahmenbedingungen, nicht erfüllt wurden. Besonders deutlich war die Diskrepanz zwischen wissenschaftlicher Leistung und wirtschaftlichen Erwartungen bei der GKSS, dem „Modell" einer „staatliche[n] Forschung für die Industrie".[103] Die GKSS entwickelte zwar ein Handelsschiff mit Kernenergiebetrieb, die „Otto Hahn", und betrieb es nach der Vollendung des Baus 1968 über zehn Jahre erfolgreich. Das Projekt führte aber wegen der „fehlenden Wirtschaftlichkeit dieser Antriebsart für zivile Handelsschiffe" nicht zur kommerziellen Nutzung.[104] In der Hochenergiephysik konnte durch DESY und die Mitarbeit am europäischen Kernforschungszentrum CERN[105] in Genf der deutsche Rückstand gutgemacht werden. In der Fusionsforschung, deren Endziel, die Entwicklung eines kommerzi-

Die ‚NS Otto Hahn'. Deutschlands erstes nukleares Handelsschiff wurde im September 1963 von der GKSS in Auftrag gegeben und lief am 13. Juni 1964 vom Stapel.

ell nutzbaren, energieliefernden Kernfusionsreaktors, allerdings noch in weiter Ferne liegt, konnte die Bundesrepublik auch im experimentellen Bereich eine internationale Spitzenstellung erreichen, nachdem sie, wie erwähnt, in der theoretischen Plasmaphysik schon in den 1950er Jahren eine führende Rolle eingenommen hatte. Zu der ersten gelungenen Kernfusion in Culham 1991 haben die Forschungen von drei deutschen Großforschungseinrichtungen (IPP, KfK, KFA) einen wesentlichen Beitrag geleistet. Neben der wissenschaftlich-technologischen zählte auch die politische Bedeutung der Kernforschung, die nach dem Scheitern der Europäischen Verteidigungsgemeinschaft ein wesentlicher Integrationsfaktor der Europäischen Gemeinschaft wurde.

Ein generelles Kennzeichen der Entwicklung der frühen Kernforschungseinrichtungen war, daß der Bund, der vielfach bereits an ihrer Gründung beteiligt war, den zunächst oft entscheidenden Einfluß der Länder schon Ende der 1950er Jahre zurückdrängte. Das war in erster Linie eine Konsequenz der Kostenexplosion in den Zentren, die die Finanzkraft der Länder überforderte. Auch bedeutete sie das Ende des ohnehin meist schwachen Engagements der Wirtschaft und zwang den Bund, einen zunehmend größeren Anteil an der Finanzierung der Einrichtungen zu tragen. Aber ebenso ließen die Verantwortung des Bundes für den Einkauf von Reaktoren und angereichertem Uran im Ausland, seine Kompetenzen im Bereich der Reaktorsicherheit und des Strahlenschutzes sowie die notwendige Zusammenarbeit mit EURATOM und europäischen Forschungsinstituten den Bund in den Vordergrund treten. Die Förderung der Kernforschung und Kerntechnik und die in ihrem Zusammenhang entstandenen ersten Großforschungseinrichtungen wurden so zu Schrittmachern für die Ausweitung der Bundeskompetenz im Bereich der Wissenschaft.

5. Erweiterung und Konsolidierung der Großforschungseinrichtungen

Die Förderung durch den Bund war bei dem in den 1960er Jahren einsetzenden systematischen Ausbau weiterer Bereiche der Großforschung von vornherein entscheidend.[106] Dabei kamen nunmehr die wesentlichen Anstöße nicht mehr aus den Ländern oder von einzelnen Forschergruppen, sondern aus dem Bundesministerium für Atomkernenergie und Wasserwirtschaft, das im Dezember 1962 in ‚Bundesministerium für wissenschaftliche Forschung' umbenannt wurde. Diese Konzentration der forschungspolitischen Kompetenzen des Bundes in einem Ministerium ist durch die Diskussion über die deutsche Beteiligung an der Weltraum- und Raumfahrtforschung entscheidend vorangetrieben worden.[107] Bei der Entscheidung der Bundesregierung für diesen neuen Forschungsschwerpunkt im Januar 1962 trat die Hoffnung auf die Förderung neuer Technologien – man erwartete vor allem als Nebenprodukt des Baus von Raketen und Satelliten die Entwicklung neuer Werkstoffe und kleinster Geräte mit höchster Präzision für Steuerungs- und Regelungszwecke – noch hinter außenpolitischen Erwägungen zurück. Man wollte Europa in diesem Sektor von den USA emanzipieren und den am Anfang der 1960er Jahre stagnierenden Prozeß der europäischen Einigung durch die Zusammenarbeit in neugeschaffenen europäischen Forschungsinstituten wie der ESRO (European Space Research Organization) und ELDO (European Launcher Development Organization) intensivieren.[108] Die Raumfahrt ist so noch stärker als die Kernforschung „Schrittmacher" eines vereinigten Europas geworden.

Die Übertragung der Zuständigkeit für die Raumfahrt an das Ministerium für wissenschaftliche Forschung statt an das Bundesverkehrsministerium oder an das Bundeswirtschaftsministerium wie auch die Dominanz außenpolitischer Gesichtspunkte

Aerodynamische Versuchsanstalt (AVA) in Göttingen. Inbetriebnahme des Hochgeschwindigkeitskanals am 25.10. 1956. Die AVA ging später in die Deutsche Forschungs- und Versuchsanstalt für Luft- und Raumfahrt auf.

hatten die Wirkung, daß in der deutschen Weltraumforschung, die mit der Entwicklung von Forschungssatelliten eigene Wege ging, wissenschaftliche statt wirtschaftlicher Gesichtspunkte – im Gegensatz zu Großbritannien und Frankreich – überwogen.

Der Druck des Bundes, der vor allem vom Bundesrechnungshof, vom Haushaltsausschuß des Bundestages und vom Bundesfinanzministerium ausging, führte schließlich 1968/69 dazu, daß die zur Koordinierung und Selbststeuerung ihrer Arbeit weitgehend unfähigen, zersplitterten Institutionen der außeruniversitären Luft- und Raumfahrtforschung der Bundesrepublik in der *Deutschen Forschungs- und Versuchsanstalt für Luft- und Raumfahrt* (DFVLR), der heutigen *Deutschen Forschungsanstalt für Luft- und Raumfahrt* e.V. (DLR), konzentriert und einer stärkeren staatlichen Planung und Kontrolle unterworfen wurden.[109] Die neue Großforschungseinrichtung, die wie ihre Vorgänger die Rechtsform eines eingetragenen Vereins beibehielt, mußte sich nach einer schweren Krise in den 1970er und 1980er Jahren stark diversifizieren. Sie hat ihre Forschungsschwerpunkte im Bereich der Luftfahrttechnik, der Raumflugtechnik und der anderen Neuen Technologien. Dabei hat der Schwerpunkt Raumfahrt wegen der deutschen Beteiligung an den europäischen Großprojekten ARIANE, der geplanten Weltraumstation COLUMBUS und dem Raumgleiter HERMES, in die die DLR eingebunden ist, in den letzten Jahren eine immer größere Bedeutung erlangt.[110] Über 80 % der Arbeit in den Forschungszentren in Braunschweig, Göttingen, Köln-Porz, Stuttgart und Oberpfaffenhofen waren 1986 in „Projekte, Dienstleistungen und Kooperationen mit Nutzern aus Wissenschaft, Wirtschaft und Staat" fest eingebunden.[111] Das stete Schwanken zwischen Grundlagenforschung einerseits und marktorientierter Forschung andererseits ist kennzeichnend für die DLR.

Wie in der Luftfahrt- und Weltraumforschung kam auch im Bereich der elektronischen Datenverarbeitung, für deren Entwicklung die Bundesregierung im April 1967 ein umfassendes Programm verabschiedete, der Anstoß zur Gründung einer Großforschungseinrichtung, der *Gesellschaft für Mathematik und Datenverarbeitung* mbH (GMD), im Jahr 1968 vor allem vom Bund.[112] Hauptziel des Programms war es, den großen Vorsprung der amerikanischen Computerfirmen[113] durch direkte Förderung der Forschung und Entwicklung deutscher Unternehmen und den Ausbau der Informatik an den Hochschulen aufzuholen und damit eine in der Öffentlichkeit viel beklagte technologische Lücke zu schließen. Der Bund wollte aber auch unter dem Eindruck der Planungseuphorie der späten 1960er und frühen 1970er Jahre durch den Aufbau großer Datenbanken und Informationssysteme der Behörden, die später möglichst in einer zentralen Datenbank der Bundesregierung zusammengefaßt werden sollten, die Objektivität politischer Entscheidungen sichern und die Qualität des Verwaltungshandelns verbessern. Dieser Zielsetzung sollte auch die GMD dienen, die aus einem hochschulnahen Institut für Instrumentelle Mathematik in Bonn hervorgegangen war, in der aber die mathematischen Forschungen immer mehr zugunsten von Forschungs- und Entwicklungs-

Im Elektronik-Labor der Gesellschaft für Mathematik und Datenverarbeitung (GMD) werden hochintegrierte Schaltkreise getestet.

arbeiten auf dem Gebiet der Informationstechnik im Vorfeld industrieller Entwicklungen und zugunsten der Mithilfe beim Ausbau von Informationssystemen der öffentlichen Verwaltung zurücktraten.[114]

Als weitere Großforschungseinrichtung im Nuklearbereich entstand 1964 die *Gesellschaft für Strahlenforschung* mbH (GSF).[115] Sie geht auf eine in München 1960 gegründete „Versuchs- und Ausbildungsstätte für Strahlenschutz" (VAfS) zurück, die zunächst organisatorisch der „Gesellschaft für Kernforschung" (GfK), der Vorläuferin des Kernforschungszentrums Karlsruhe, angeschlossen wurde. Das Institut für Strahlenschutzkunde der VAfS führte ab Juli 1960 Strahlenschutzkurse für Mitglieder der Länderaufsichts- und Genehmigungsbehörden durch, die nach Inkrafttreten des Atomgesetzes (vom 23.12. 1959) am 1.1. 1960 und der ersten Strahlenschutzverordnung (vom 24.6. 1960) am 1.9. 1960 mit dem Vollzug der Ausführungsbestimmungen befaßt waren. Weiter betrieb die GSF in

GSF-Forschungszentrum für Umwelt und Gesundheit. Das Bild zeigt eine Versuchseinlagerung hochradioaktiver Strahlenquellen in der Schachtanlage Asse. Blick in das Versuchsfeld auf der 800-m-Sohle.

Verbindung mit der Universität München Forschungen über die biologischen Wirkungen (und Wirkungsmechanismen) ionisierender Strahlen auf den lebenden Organismus sowohl durch Bestrahlung als auch durch Inkorporation radioaktiver Substanzen und über die Verhütungs- und Heilungsmöglichkeiten von Strahlungsschäden. Bei ihrer Gründung als eigenständige Gesellschaft 1964 wurden ihr schließlich auch Forschungsprojekte des Bundesministeriums für wissenschaftliche Forschung auf den Gebieten der Strahlenhämatologie und der Tieflagerung radioaktiver Abfälle angegliedert. Sie unterschied sich allerdings von den klassischen Zentren der Kernforschung und Kerntechnik, deren relative Bedeutung im Rahmen der Großforschungseinrichtungen seit 1970 zurückging, durch ihre spezifische Themenstellung – die Strahlenforschung –, das besonders enge Verhältnis zum Bundesforschungsministerium, ihre starke Konkurrenz zu den auf den gleichen Gebieten forschenden Universitätsinstituten und ihren Charakter als Dachorganisation relativ autonomer Institute.

Ebenfalls im Jahre 1964 wurde die Stiftung *Deutsches Krebsforschungszentrum* (DKFZ) unter Inkorporierung zweier bestehender Institute der medizinischen Forschung – des „Instituts für Experimentelle Krebsforschung" und des „Instituts für Virusforschung" – gegründet. Das 1906 von dem berühmten deutschen Chirurgen und Krebsforscher Vincenz Czerny aufgebaute Institut für Experimentelle Krebsforschung wird allgemein als das herausragendste Beispiel früher integrierter Organisationsformen in der Krebsforschung – ihm war ein Krankenhaus, das sogenannte „Samariterhaus", angegliedert – angesehen. Nachdem das Institut 1935 den antisemitischen Maßnahmen der Nationalsozialisten zum Opfer gefallen und geschlossen worden war, setzte sich der Initiator des DKFZ, der Heidelberger Chirurg K. H. Bauer, in seiner Eigenschaft als Rektor der Universität Heidelberg 1948 für seine Neugründung als Universitätsinstitut ein. Im Gegensatz zu diesem Institut, das später in „Institut für Zellforschung" umbenannt wurde, war das „Institut für Virusforschung", das aus einer während des Zweiten Weltkriegs nach Heidelberg verlagerten Abteilung der Biologischen Reichsanstalt in Berlin-Dahlem hervorging, bei der Gründung des DKFZ kein Universitätsinstitut, sondern wurde durch die Ländergemeinschaft nach dem Königsteiner Staatsabkommen finanziert. Die Entwicklung des DKFZ zur Großforschungseinrichtung, die die Probleme der Krebsforschung im Zusammenwirken verschiedener wissenschaftlicher Disziplinen und Fachrichtungen untersucht, kam allerdings erst 1976, nachdem der Bund Hauptträger geworden war, zum Abschluß.[116]

Allerdings hat sich die geplante enge Verbindung experimentell-naturwissenschaftlicher und klinischer Forschung – etwa nach dem Vorbild der amerikanischen und britischen Medical Research Centers – wegen der gespannten Beziehungen zur medizinischen Fakultät und zu den Universitätskliniken in Heidelberg, hinter denen das Land Baden-Württemberg steht, sowie aufgrund des Fehlens einer eigenen klinischen Abteilung nur begrenzt verwirklichen lassen.[117] Immerhin kam es im März 1979

Krebsforschungszentrum Heidelberg. Mitarbeiter des Forschungsschwerpunkts Angewandte Tumorvirologie untersuchen die Erbsubstanz von Krebszellen.

in Verbindung mit der Gründung des Tumorzentrums Heidelberg-Mannheim zur Errichtung forschungsbezogener onkologischer Einheiten an den Kliniken und zur Durchführung von gemeinsamen Forschungsvorhaben von Wissenschaftlern der Universitätskliniken und des DKFZ. Dadurch konnten Erkenntnisse der Grundlagenforschung schneller der Therapie zugute kommen, und eine stärkere Relevanz der wissenschaftlichen Arbeiten für die medizinische Praxis wurde erreicht. Das DKFZ spielt im Rahmen des im „Bundesbericht Forschung V“ von 1975 erstmals erwähnten Förderschwerpunktes „Forschung im Dienste der Gesundheit und Ernährung“[118] eine wesentliche Rolle. Es hat sich einmal schwerpunktmäßig auf die Untersuchung der Ursachen der Krebsentstehung konzentriert und vor allem mit der Erarbeitung eines Krebs-Atlasses über die unterschiedliche Verbreitung des Krebses in den verschiedenen Gebieten der Bundesrepublik einen grundlegenden Beitrag zur Epidemiologie geleistet. Weitere damit zusammenhängende Schwerpunkte der Arbeit des DKFZ betreffen die Prävention der Bildung menschlicher Tumore, die Tumordiagnostik vor allem durch die Anwendung biochemischer und immunologischer Verfahren sowie die Entwicklung neuer Ansätze in der Therapie. Insbesondere beschäftigt sich das DKFZ mit der verbesserten klinischen Anwendung der Ergebnisse der Grundlagenforschung.[119] Von 1992 bis 1996 soll durch den Aufbau von sechs klinischen Kooperationseinheiten des DKFZ mit der Universität Heidelberg der Transfer von Erkenntnissen vom Labor zum Patienten und umgekehrt verbessert und damit ein Beitrag zum Abbau der die medizinische Forschung in Deutschland hemmenden Trennung zwischen klinischer Praxis und der Forschung geleistet werden.[120]

Zu den im Bereich der Kernphysik arbeitenden Großforschungseinrichtungen gehört neben DESY und dem IPP auch die im Dezember 1969 vom Bund und vom Lande Hessen gegründete *Gesellschaft für Schwerionenforschung* mbH (GSI). Sie ist konzentriert um ein zentrales Forschungsgerät, den Schwerionenbeschleuniger UNILAC, mit dessen Hilfe vor allem Grundlagenforschung zur besseren Erkenntnis der Materie auf dem Gebiet der Kernphysik, Kernchemie, Atomphysik, Festkörperforschung und Strahlenbiologie betrieben wird. Bei der Entstehung der Gesellschaft, die auf die Initiative mehrerer Gruppen von Physikern an der Universität Heidelberg und den hessischen Hochschulen zurückging, war zunächst umstritten, ob das mit seinen Hilfseinrichtungen sehr teure Großgerät in einer eigenständigen Forschungseinrichtung, als Teil des Kernforschungszentrums Karlsruhe oder in einem Verbund von Hoch-

Gesellschaft für Schwerionenforschung in Darmstadt. Das Bild zeigt den 120 m langen Linearbeschleuniger UNILAC, mit dessen Inbetriebnahme 1975 ein wesentliches Gründungsziel der GSI erreicht wurde.

schulen als „Ausbildungszentrum für Kernphysik“ betrieben werden sollte. Die schließlich getroffene Entscheidung für ein selbständiges Forschungszentrum in Darmstadt mit einem festen Stab angestellter Wissenschaftler ermöglichte die Entwicklung eigener Forschungsschwerpunkte. Daneben hat sich aber die Gründungskonstellation in einer besonders engen Zusammenarbeit von Hochschulen und GSI, deren Großgerät in erheblichem Umfang auch von externen Wissenschaftlern benutzt wird, niedergeschlagen.[121] Mit dem 1984 begonnenen Bau der

Fementerhalle im Biotechnikum der Gesellschaft für Biotechnologische Forschung.

neuen Beschleunigeranlage mit einem Schwer-Ionen-Synchrotron (SIS) und einem Experimentier-Speicher-Ring (ESR), die 1990 in Betrieb genommen wurde, war in den letzten Jahren eine fachliche Neuorientierung von der Niederenergie- zur Hochenergie-Schwerionen-Physik verbunden.[122]

Auf einem besonders zukunftsträchtigen Forschungsgebiet entstand 1976 aus der 1968 von der Stiftung Volkswagenwerk begründeten und finanzierten Gesellschaft für molekularbiologische Forschung, die ihrerseits auf ein Institut für Molekulare Biologie, Biochemie und Biophysik zurückging, die *Gesellschaft für Biotechnologische Forschung* mbH (GBF) in Braunschweig. Die Gründung war mit einer Umorientierung der Forschungsschwerpunkte von der grundlagentheoretisch orientierten Molekularbiologie zur stärker anwendungsorientierten Biotechnologie verbunden und war Teil eines langfristigen Projekts der Bundesregierung zur Förderung von Zukunftstechnologien. Dieses wurde inzwischen auch durch ein 1990 veröffentlichtes Programm „Biotechnologie 2000", in dem für die Jahre 1990–1994 ein Forschungsvolumen des Bundes von insgesamt fast 1,5 Milliarden Mark vorgesehen ist, ergänzt.[123] Mit den Grundlagen der Biotechnologie beschäftigen sich zur Zeit weiter u.a. die Sonderforschungsbereiche „Mikrobiologische Grundlagen der Biotechnologie" in Tübingen und „Biologische, chemische und technische Grundlagen der Biokonversion" in München, ein Schwerpunktprogramm der Deutschen Forschungsgemeinschaft über „Wege zu neuen Produkten und Verfahren der Biotechnologie" sowie mehrere Institute der Max-Planck-Gesellschaft. Von den Großforschungseinrichtungen ist neben der GBF das auch auf vielen anderen Gebieten tätige Forschungszentrum Jülich mit biotechnologischen Forschungsarbeiten befaßt.

Im Rahmen der allgemeinen Zielsetzung der Biotechnologie, biologische Systeme zur Durchführung von Stoffumwandlungen im technischen Maßstab zu nutzen, führt die GBF Forschungs- und Entwicklungsarbeiten in multidisziplinärem Verbund zahlreicher naturwissenschaftlicher Fachrichtungen, insbesondere auf den Gebieten der Mikrobiologie, Enzymtechnologie und Naturstoffchemie, Zellbiologie und Genetik sowie Bioverfahrenstechnik, durch. Kennzeichnend für die Arbeit der GBF, in der es unter anderem um die Eröffnung neuer Therapiemöglichkeiten durch die Gentechnologie und die biologische Entsorgung von Umweltschadstoffen geht, ist die enge Verbindung von grundlagenorientierter und anwendungsnaher Forschung. Außerdem gibt es eine intensive Zusammenarbeit mit der Technischen Universität Braunschweig, an der die Leiter der vier Forschungsbereiche und der wissenschaftliche Direktor der GBF in Personalunion als Lehrstuhlinhaber tätig sind, sowie mit Firmen vor allem aus der chemischen und pharmazeutischen Industrie.[124]

Als letzte der Großforschungseinrichtungen auf dem Gebiet der alten Bundesländer wurde 1980 aufgrund einer Empfehlung des Wissenschaftsrates vom 1. Juli 1979 das *Alfred-Wegener-Institut für Polarforschung* (AWI) in Bremerhaven in der Rechtsform einer Stiftung gegründet. Den entscheidenden Anstoß gab der im Februar 1979 erfolgte Beitritt der Bundesrepublik zum Antarktisvertrag von 1959, der zum Ziel hat, die Unversehrtheit der Antarktis zu erhalten, das Gebiet ausschließlich für friedliche Zwecke zu nutzen und die freie Forschung in dieser Region zu sichern. Es war von vornherein klar, daß die von der Bundesrepublik angestrebte Aufnahme in die einflußreiche, beratende Konsultativrunde des Vertrages, die 1981 erfolgte, sie zu einem dauerhaften, intensiven wissenschaftlichen Engagement in der Antarktis verpflichten würde.[125] Das Institut wird in seiner Arbeit von Forschungsstationen und dem eisbrechenden Forschungs- und Versorgungsschiff „Polarstern" unterstützt. Zu seinen Aufgaben zählen neben selbständigen Forschungsarbeiten in den Gebieten Geo- und Biowissenschaften, Ozeanographie und Meteorologie mit den Schwerpunkten Klima- und Umweltforschung, der Analyse maritimer Ökosysteme und der Untersuchung geologischer und geophysikalischer Gegebenheiten des Polargebietes auch die Koordination und technische Unterstützung der deutschen Polarforschung und die Beratung der Bundesregierung bei der Formulierung von Empfehlungen für die Runde der Konsultativstaaten zur Nutzung der Antarktis. 1986 wurde dem AWI, das sich besonders auf die Untersuchung der Polarmeere konzentrierte, das Institut für Meeresforschung in Bremerhaven, mit dem es schon vorher eng kooperiert hatte, angeschlossen. Die Forschungen des *Alfred-Wegener-Institutes für Polar- und Meeresforschung*, wie es jetzt heißt, dehnten sich schließlich auch auf den arktischen Ozean, Grönland und Spitzbergen, wo Mitte August 1991 die erste deutsche Forschungsstation in der Arktis eröffnet wurde, sowie auf die außerpolare

Das eisbrechende Forschungs- und Versorgungsschiff ‚Polarstern' des Alfred-Wegener-Instituts für Polar- und Meeresforschung.

Meeresforschung aus.[126] Während die Aufbauarbeit in der Antarktis Ende der 1980er Jahre zunächst zu einem gewissen Abschluß gekommen war, prägen die Forschungen in der Nordpolarregion und die Untersuchungen zu globalen und regionalen Umweltproblemen in zunehmendem Maße das Forschungsprofil des Instituts.[127] Mit der Übernahme der Georg-Forster-Station der ehemaligen DDR, die mit sowjetischer Unterstützung schon seit Anfang der 1960er Jahre, also lange vor der Bundesrepublik, am Südpol aktiv war und der Gründung einer Außenstelle in Potsdam kann das AWI, das ein international hohes

Ansehen genießt, nun allerdings personell und thematisch an die Antarktisforschung der DDR anknüpfen.[127a]

Die Bildung der neuen Großforschungseinrichtungen seit der Mitte der sechziger Jahre stand stets in engem Zusammenhang mit spezifischen Forschungsförderungsprogrammen des Bundes, in denen – neben den alten Forschungsschwerpunkten Kernforschung und Kerntechnik – die Weltraumforschung und Weltraumtechnik, die elektronische Datenverarbeitung, die Neuen Technologien sowie schließlich auch die Gesundheits- und Umweltforschung eine immer größere Rolle spielten. Diese Förderungsprogramme, in die natürlich neben den Großforschungseinrichtungen auch die weiteren außeruniversitären Forschungsinstitutionen, die Hochschulen und zum Teil auch die Wirtschaft einbezogen wurden, waren Ausdruck des zunehmenden Anspruchs des Bundes, die Ziele der Forschung zu setzen, möglichst viele der aufgewandten Mittel auf bestimmte Projekte zu konzentrieren und die Forschung sehr viel stärker als vorher zu steuern. Dabei kam allerdings den Großforschungseinrichtungen, die als eine Art „Hausmacht" des Forschungsministeriums angesehen wurden, eine besondere Funktion zu. Die Ursachen für diesen Anspruch auf stärkere Lenkung der Forschung sind vielfältig. Zu nennen sind der steigende Anteil von Bundesmitteln an der Forschungsförderung, der Wunsch der Bundesregierung, an Forschungsvorhaben der Europäischen Gemeinschaft beteiligt zu sein, die in der Mitte der 1960er Jahre erneut aufkommende Diskussion über den Rückstand der deutschen Forschung in Teilen der Natur- und Ingenieurwissenschaften[128] sowie der Ausbau einer Fachadministration für bestimmte Forschungsfelder im Ministerium für wissenschaftliche Forschung.

Der Übergang zu einer bewußten Forschungsplanung wurde unter dem Bundesminister für wissenschaftliche Forschung Gerhard Stoltenberg (1965–1969) weiter durch die wirtschaftliche Rezession 1966/67 forciert, die als Antwort auf die Verknappung der öffentlichen Mittel deren gezielteren Einsatz notwendig zu machen schien. Mit der Bildung der Großen Koalition 1966 vollzog sich zudem die Abkehr von der durch Ludwig

Gerhard Stoltenberg (geb. 1928) auf der 18. Hauptversammlung der Max-Planck-Gesellschaft in Kiel 7.–9. 6. 1967. Stoltenberg war von 1965–1969 Bundesminister für wissenschaftliche Forschung.

Erhard verkörperten Wirtschaftspolitik des Neoliberalismus zugunsten des an Keynes orientierten Konzepts der Globalsteuerung von Wirtschaft und Gesellschaft. Im Rahmen dieses Konzepts und der im Stabilitätsgesetz vom 8. Juli 1967 vorgegebenen mittelfristigen fünfjährigen Finanzplanung sollte auch eine global gesteuerte Forschung einen wesentlichen Beitrag zur

Modernisierung der Volkswirtschaft, zur Sicherung des Wirtschaftswachstums durch verstärkte Ausrichtung ihrer Arbeiten auf die Bedürfnisse von Wirtschaft und Gesellschaft und zur Lösung zentraler staatlicher Aufgaben der Daseinsvorsorge und der Zukunftsplanung leisten.

Mit den neuen Tendenzen der Forschungspolitik verband sich eine intensive Diskussion über den Status und die Funktion der aus öffentlichen Mitteln finanzierten Einrichtungen der Großforschung. In ihr ging es vor allem um Autonomie oder Steuerung der Großforschung, ihre spezifischen Aufgaben, die Organisation der Großforschung, ihren Platz in der Forschungslandschaft der Bundesrepublik und das Verhältnis von Bund und Ländern in der Förderung von Forschung und Wissenschaft. Die Diskussion wurde entscheidend beeinflußt durch einen Artikel des Staatssekretärs im Bundesministerium für wissenschaftliche Forschung, Wolfgang Cartellieri, der 1963 unter dem Titel „Die Großforschung und der Staat"[129] erschien. Dieser Artikel schlug erstmals die sich schließlich durchsetzende Bezeichnung „Großforschung" als deutsches Äquivalent für den amerikanischen Begriff „Big Science" vor. Cartellieri arbeitete gewisse Gemeinsamkeiten der Zentren heraus und schlug eine noch durch Gesetz zu schaffende ‚gemeinnützige Trägergesellschaft' zur organisatorischen Zusammenfassung der bestehenden Großforschungseinrichtungen oder als Rechtsform der einzelnen Einrichtungen vor.[130] Auf einer Verbindung privatrechtlicher und öffentlich-rechtlicher Elemente beruhend, sollte diese Organisation die für eine Privatgesellschaft gegebene Flexibilität in personeller und wirtschaftlicher Betriebsführung nach Industriemaßstäben mit den Möglichkeiten einer Staatsanstalt zur Wahrnehmung von Staatsaufgaben verbinden und einen geeigneten Rahmen für die Partnerschaft von Bund, Ländern, Wirtschaft und Wissenschaft bilden.

Wenige Jahre später präzisierte und ergänzte Cartellieri seine Vorstellungen in einem ausführlichen „Gutachten über die zweckmäßige rechtliche und organisatorische Ausgestaltung der Institutionen für die Großforschung", das er nach seiner Pensionierung im Auftrag der Bundesregierung anfertigte. In diesem

Gutachten schlug Cartellieri als Nahziel ein Forschungsförderungsgesetz des Bundes mit Sonderbestimmungen vor allem für die Personalwirtschaft, das Tarifwesen, das Finanz- und Rechnungswesen sowie die Kostenprüfung und Kontrolle der „gemeinnützigen Unternehmen der Großforschung" vor. Als Fernziel nahm er die Schaffung einer europäischen Rechtsform für die Träger von Großvorhaben der Forschung und technischen Entwicklung in Aussicht.[131]

Cartellieris Vorschläge hatten keine gesetzgeberischen Konsequenzen. Sie fanden jedoch ein starkes Echo in den bestehenden Wissenschaftsorganisationen. So hat der Wissenschaftsrat in einem Gutachten von 1965 die „Anlagen der Großforschung", zu denen er nicht nur die Einrichtungen auf dem Gebiet der Kernforschung und Kerntechnik rechnete, ausdrücklich als eine spezifische Form von institutionalisierter außeruniversitärer Forschung neben der Max-Planck-Gesellschaft und den Staatsinstituten anerkannt. Die Großforschung sei nicht nur durch die über den Umfang eines herkömmlichen Einzelinstituts weit hinausgehende Größe der Anlagen und des materiellen und personellen Aufwands sowie durch die häufige Konzentration auf den Bau und den Betrieb von forschungsspezifischen Großgeräten (zum Beispiel Beschleuniger, Reaktoren, Radioteleskope, Windkanäle), sondern auch durch gemeinsame Strukturmerkmale gekennzeichnet. Als solche werden bezeichnet:

- „ständige enge Zusammenarbeit von Wissenschaftlern verschiedener Fachgebiete an vorgegebenen gemeinsamen Aufgaben;
- interne Koordination der Arbeitsgruppen und Regelung der Benutzung gemeinsamer Forschungseinrichtungen;
- harmonisches Zusammenwirken der wissenschaftlichen Arbeit mit dem technischen Ablauf und der administrativen Tätigkeit unter dem Primat der wissenschaftlichen Zielsetzung;
- Freiheit der Forschung mit der Maßgabe, daß nach den Gesetzen des Großbetriebes von den einzelnen selbständigen Mitarbeitern ein hohes Maß an Fähigkeit und Bereitschaft zur Einordnung erwartet werden muß."[132]

In den Großforschungseinrichtungen selbst haben die Straffung der staatlichen Forschungspolitik sowie die Debatte über den Charakter der Großforschung, ihre spezifische Organisationsform und ihr Verhältnis zum Staat den Prozeß der Herausbildung einer gemeinsamen Identität der unabhängig voneinander entstandenen und in Aufgaben, Rechtsform und Struktur so unterschiedlichen Zentren entscheidend gefördert. Man sah sich herausgefordert, nun die eigene Position in der Forschungslandschaft positiv und nicht nur in negativer Abgrenzung zu anderen Forschungseinrichtungen zu bestimmen. Man meldete den Anspruch an, nicht nur ein Objekt staatlicher Forschungspolitik zu sein, sondern bei der Entscheidung über die eigenen Angelegenheiten als Partner des Staates mitzuwirken.[133]

Eine zentrale Rolle im Prozeß der Selbstfindung spielte dabei ein im Oktober 1958 gegründeter „Arbeitsausschuß für Verwaltungs- und Betriebsfragen der deutschen Reaktorstationen", zu dessen Mitgliedern auch Vertreter von Hochschulinstituten, der Physikalisch-Technischen Bundesanstalt und ausländischer Forschungseinrichtungen gehörten. Der Ausschuß beschränkte sich, wie der Name andeutet, zunächst auf die Institutionen der Kernforschung und befaßte sich vor allem mit Versicherungs-, Tarif-, Personal- und Patentfragen. In Reaktion auf Cartellieris Artikel von 1963 griff er nun aber auch die Frage der Finanzierung der Großforschung und ihrer zweckmäßigen Organisationsform auf und erweiterte schließlich seine Mitgliedschaft durch Vertreter anderer, nicht im Kontext der Kernforschung entstandener Großforschungseinrichtungen.[134]

Es würde hier zu weit gehen, im einzelnen die vielfachen Ursachen zu erörtern, die schließlich in einer Klausurtagung auf dem Dobel bei Bad Herrenalb Ende Januar 1970 zur Gründung der Arbeitsgemeinschaft der Großforschungseinrichtungen (AGF) und zur Formulierung von 10 Leitlinien über das Verhältnis von Staat und Großforschung – der sogenannten Dobeler Thesen – führten. Als bestimmend anzusehen sind – neben der Forderung nach einer verstärkten Mitbestimmung der Mitarbeiter der Einrichtungen in deren Gremien – die Diskussion über die Grundsätze der Mittelbewirtschaftung, die man in einer Finanzordnung verbindlich regeln wollte, die Furcht vor einer Drosselung der Gelder für Kernforschung und Kerntechnik, die Probleme, die sich aus dem Auslaufen der ersten Großprojekte für die weitere Existenz der Einrichtungen ergaben, und Fragen, die mit Veränderungen bei der Finanzierung der Großforschungszentren zusammenhingen.[135]

Das Problem der Finanzierung der Großforschungseinrichtungen wie das ihrer Stellung innerhalb der deutschen Forschungslandschaft wirkte auch als eine Art Katalysator in den Auseinandersetzungen zwischen Bund und Ländern über die Finanzreform und die Neugestaltung des bundesdeutschen Föderalismus in den 1960er Jahren. Diese Diskussionen fanden schließlich aufgrund des Gutachtens der sogenannten Troeger-Kommission über „die Finanzreform in der Bundesrepublik Deutschland"[136] mit der Verankerung der als solche bezeichneten „Gemeinschaftsaufgaben", zu denen unter anderem die „Förderung von Einrichtungen und Vorhaben der wissenschaftlichen Forschung von überregionaler Bedeutung" (Art. 91 b) gerechnet wurde, in einer Ergänzung des Grundgesetzes vom 12. Mai 1969 ihren vorläufigen Abschluß. Im Vorgriff darauf war schon kurz zuvor das äußerst prekäre Problem der Finanzierung der Großforschungseinrichtungen durch die Festlegung eines Bundesanteils von 90% und eines Anteils des Sitzlandes von 10% für die meisten der Einrichtungen gelöst worden. Das machte die Neufassung der Gesellschaftsverträge sowie der Vereins- und Stiftungssatzungen nötig. Nach den Vorstellungen des Bundesrechnungshofes, des Haushaltsausschusses des Bundestages und des Finanzministeriums sollte der Bund die Mehrheit in den Aufsichtsräten erhalten. Damit hätte er die Möglichkeit bekommen, nicht nur durch die Kontrolle über die Verwendung der Haushaltsmittel, sondern auch durch direkte Weisungen in die wissenschaftliche, technische und administrative Arbeit der Einrichtungen einzugreifen.[137]

Die Dobeler Thesen – „Ausdruck des Selbstverständnisses und Selbstbewußtseins der Großforschungseinrichtungen"[138] – waren ein Versuch, den Einfluß des Staates auf die Großforschungseinrichtungen einzuschränken. Die Ablehnung einer Dominanz des Staates zugunsten eines echten partnerschaftlichen Verhältnisses zwischen Staat und Großforschungseinrichtungen erhielt ihr besonderes Gewicht durch die Unterstützung der leitenden Wissenschaftler in den Zentren. Nach den Dobeler Thesen[139] sollte der Staat einen angemessenen, jedoch keinen überwiegenden Einfluß in den Aufsichts- und Kontrollorganen der Einrichtungen, die auch mit Vertretern der Wissenschaft und Wirtschaft zu besetzen waren, erhalten und – soweit es gesetzlich möglich war – auf die Ausübung von Hoheitsrechten verzichten. Beschränkt auf seine Rolle als Gesellschafter sollte er sich insgesamt mit einer globalen Steuerung der Zentren bei der Aufstellung und Änderung der Ausbau- und Investitions- sowie der Forschungs- und Entwicklungsprogramme zufriedengeben. Die Ausarbeitung der Forschungsprogramme sollte unter Mitwirkung der Wissenschaftler den Exekutivorganen der Forschungseinrichtungen überlassen werden, die die alleinige Verantwortung für deren Durchführung und die dafür notwendige Auswahl des Personals übernehmen sollten. Weiter forderten die Einrichtungen einen „ihren Aufgaben und ihrer Bedeutung“ entsprechenden Platz in den für die Beratung der Forschungspolitik zuständigen wissenschaftspolitischen Spitzenorganen der Bundesrepublik.

Die Dobeler Thesen fanden ihren Niederschlag in den im November 1970 bzw. Juli 1971 verabschiedeten zwei Fassungen der „Leitlinien des Bundesministers für Bildung und Wissenschaft“.[140] Der Einfluß des Staates auf die Einrichtungen wird in beiden Fassungen der Leitlinien wie folgt definiert:

„1. Der Staat steht den hier genannten Forschungseinrichtungen in zweifacher Weise gegenüber:

- er formuliert und stellt die Aufgaben, soweit sie aus gesellschaftlichen oder volkswirtschaftlichen Forderungen entstehen
- er finanziert die für die Forschungs- und Entwicklungsaufgaben erforderlichen Ausgaben.

2. Der Staat nimmt auf die Forschungseinrichtungen grundsätzlich nach dem Prinzip der Globalsteuerung Einfluß. Er legt auf der Grundlage einer umfassenden Forschungsplanung die generellen Forschungsziele und die finanziellen Ge-

samtzuwendungen fest. Er setzt die Prioritäten, koordiniert die Arbeiten der Forschungseinrichtungen, sorgt für eine objektive und wirksame Erfolgskontrolle und achtet auf den wirtschaftlichen und sparsamen Einsatz öffentlicher Mittel. Er übt seinen Einfluß vornehmlich über seine Vertreter in den Aufsichtsorganen aus. Hierbei wird er von Sachverständigengremien beraten, die externe „Beiräte“ der Forschungseinrichtungen, aber auch andere Beratungsgremien sein können.

3. Innerhalb dieses Rahmens gilt der Grundsatz der Eigenständigkeit und Eigenverantwortlichkeit der Forschungseinrichtungen; dabei soll in wissenschaftlich-technischen Fragen das entscheidende Gewicht der Vertreter der Wissenschaft und Technik gewahrt bleiben.“[141]

Die Leitlinien stellten nach vorangegangenen scharfen Kontroversen zwischen den staatlichen Stellen und den Zentren, aber auch zwischen der wissenschaftlichen und kaufmännischen Leitung der Zentren und deren Mitarbeitern die Grundsätze zur fachlichen Mitwirkung der wissenschaftlichen und technischen Mitarbeiter bei den Entscheidungen in den Forschungszentren auf und legten den Staat auf die „Globalsteuerung“ fest. Dieses Prinzip fand über die Leitlinien Eingang in die 1971/72 formulierten neuen Satzungen und Gesellschaftsverträge. Der Forderung der Großforschungseinrichtungen nach größerer Flexibilität in der Bewirtschaftung der ihnen zugewiesenen Mittel wurde schließlich durch ein „Finanzstatut“ teilweise Rechnung getragen, das die bisherigen Einzelbewilligungen ersetzte und ihre finanzielle Dispositionsfreiheit und die Eigenverantwortung in der Wirtschaftsführung erheblich erweiterte.[142] Schließlich wurden die Zentren an der Wahl der Mitglieder des Wissenschaftsrates beteiligt, und die AGF wurde in die sogenannte „Heilige Allianz“ der Wissenschaftsorganisationen – Westdeutsche Rektorenkonferenz, Deutsche Forschungsgemeinschaft, Max-Planck-Gesellschaft und Wissenschaftsrat – aufgenommen.[143]

Die AGF, die als Dachverband nach Art eines lockeren „Staatenbundes“ auf die starken Eigeninteressen ihrer Mitgliedsgesellschaften Rücksicht nehmen muß, dient neben dem Informations- und Erfahrungsaustausch vor allem der Vertretung gemeinsamer Interessen der Großforschungseinrichtungen gegenüber dem Bund, den Ländern, der Wirtschaft, den Wissenschaftsorganisationen und der Öffentlichkeit. Darüber hinaus hat sie bestimmte Sonderaufgaben wahrzunehmen und nach Möglichkeit die Forschungs- und Entwicklungsarbeiten der Zentren zu koordinieren.[144]

6. Aufgaben und Probleme der Großforschung seit den 1970er Jahren

Der Abschluß der Konsolidierungsphase der Großforschungseinrichtungen am Anfang der 1970er Jahre kommt in einem weiteren Bericht des Wissenschaftsrates von 1975 zum Ausdruck. In diesem werden als ihre wesentlichen Aufgaben angegeben:

- „Durchführung technologischer Großprojekte im unmittelbaren Vorfeld industrieller Entwicklung oder in direkter Zusammenarbeit mit der Industrie ...
- Programmforschung größeren Umfangs zur Vorbereitung technologischer Großprojekte ... oder zur Unterstützung öffentlicher Aufgaben ...
- Reine und anwendungsorientierte Grundlagenforschung größeren Umfangs auf Schwerpunktgebieten, die durch die in den Großforschungseinrichtungen verfügbaren Großgeräte und die sonstige Infrastruktur besonders vorteilhaft durchgeführt werden kann oder die zum Vorfeld der Programmforschung oder der technologischen Großprojekte gehört ...
- Betrieb (zum Teil auch Entwicklung und Bau) von Großgeräten, die auch auswärtigen Gastgruppen zur Verfügung stehen und deren bestmögliche Ausnutzung eine sehr weitgehende Koordinierung und Planung der Experimente erfordert."[145]

Die weitere Entwicklung der Großforschung seit der Mitte der 1970er Jahre, die hier nur angedeutet werden kann, stand in engem Zusammenhang mit den Problemen, die sich aus dem Auslaufen alter Programme und der ständigen Veränderung der durch Staat und Gesellschaft gestellten Aufgaben für die Forschungsprogramme und den Charakter der Einrichtungen ergaben. Durch die Diversifizierung der Forschung, die in den Nationallaboratorien der Vereinigten Staaten schon etwa 10 Jahre vorher eingesetzt hatte[146] und die auch vom Wissenschaftsrat in seinen Empfehlungen 1975 nachdrücklich unterstützt wurde,[147] sollte die Verlagerung der Schwerpunkte der Forschungsförderung von der Kernforschung und Kerntechnik auf andere Forschungsgebiete unterstützt, die Steigerung der Ausgaben für die Großforschung eingedämmt und die bessere Ausschöpfung der Forschungskapazität in den Zentren gewährleistet werden. Dem entsprach, daß der Staat den „instrumentalen Charakter der Großforschungseinrichtungen für die staatliche Forschungs- und Entwicklungspolitik" und deren Orientierung am „gesellschaftlichen Bedarf" wieder stärker betonte und ausdrücklich forderte, daß „angesichts der knapper werdenden finanziellen Mittel der öffentlichen Hand", was natürlich auch eine Konsequenz der 1973 einsetzenden wirtschaftlichen Rezession war, die neuen Aufgaben – bis auf Ausnahmefälle – von den vorhandenen Einrichtungen übernommen werden müßten.[148]

Ein Beispiel der geforderten Diversifizierung bot etwa das *GKSS-Forschungszentrum Geesthacht,* das schon während der Betriebs- und Auswertungsphase der „Otto Hahn" zu einem Forschungszentrum mit den Schwerpunkten Reaktorsicherheit, Meerwasserentsalzung, Umweltforschung und Umwelttechnik sowie Unterwassertechnik umgestellt wurde.[149] Inzwischen sind neben der Umwelttechnik die Umwelt- und Klimaforschung, insbesondere für die norddeutsche Küstenregion und das Ökosystem Elbe, die wichtigsten Schwerpunkte der Forschungen der GKSS.[150]

In der *Gesellschaft für Strahlenforschung,* deren Forschungsprogramm von vornherein relativ breit angelegt war, bewirkte die Diversifizierung die Umbildung von einer primär an der Strahlenforschung orientierten Wissenschaftsorganisation zu einem Zentrum der Lebenswissenschaften. Hier spielten Fragen der Umweltforschung, wie das Problem der Wirkung von Chemikalien auf die Umwelt, sowie die Erforschung und Entwicklung von Verfahren zur Verbesserung der medizinischen Versorgung der Bevölkerung eine immer größere Rolle. Die Konzentration auf das übergreifende Thema „Schutz des Menschen und seiner Umwelt vor schädigenden Einflüssen"[151] kam auch in der Umbenennung der Einrichtung 1971 in „Gesellschaft für Strahlen- und Umweltforschung", die seit 1990 als *GSF* –

Forschungszentrum für Umwelt und Gesundheit firmiert, zum Ausdruck. Im Zentrum der wissenschaftlichen Arbeit der GSF, die neuerdings auch die umweltbezogene Epidemiologie für eine engere Zusammenarbeit zwischen Großforschung und Kliniken in der Medizin nutzt, stehen jetzt das „Zusammenwirken und die gegenseitigen Abhängigkeiten von Umweltveränderungen" im Hinblick auf ökologische Systeme und die menschliche Gesundheit.[152]

So wie die Planungseuphorie der späten 1960er und frühen 1970er Jahre mit Beginn der Wirtschaftsrezession 1973 und der Bildung der Regierung Schmidt 1974 abklang und die Planbarkeit der Entwicklung von Staat, Wirtschaft, Gesellschaft und Forschung wieder stärker in Frage gestellt wurde, so hat auch die Erwartung, durch Diversifizierung alle Probleme der Forschungszentren zu lösen, später wieder einer eher nüchternen Einschätzung Platz gemacht. Gegenüber der Tendenz, die Zentren zu einem „Gemischtwarenladen" werden zu lassen, wurde nun erneut stärker ihre Identität betont.

Ein weiteres zentrales Vorhaben der Großforschungseinrichtungen lag darin, zur gemeinsamen Wahrnehmung von Aufgaben, die vor allem vom Bund an sie herangetragen wurden, ihre Forschungen besser zu koordinieren. Die freiwillige Selbstkoordination war dabei auch ein Mittel, um den bis etwa 1976/77 gelegentlich auftauchenden Überlegungen, eine zentrale Trägerorganisation für alle Forschungseinrichtungen zu bilden, entgegenzutreten und eine detailliertere Steuerung durch das Ministerium – der Begriff der Globalsteuerung ist ja vage und interpretationsfähig – abzuwehren. Besonders wichtige Ergebnisse dieser Arbeit lagen im Bereich der Koordination der Fusions- und Plasmaforschung sowie der Umweltforschung, in der die Abstimmung der Programme der beteiligten Zentren schließlich durch vertragliche Regelungen erfolgte.[153]

In den 1970er Jahren variierten die Ziele der Forschungsförderung mit den jeweiligen politischen Schwerpunktverlagerungen. Unter der Regierung Brandt (1969–1974) rückten für wenige Jahre die Verbesserung der Lebensqualität und die Verhinderung sozialer und ökologischer Nebenwirkungen des technisch-industriellen Wachstums durch wissenschaftliche Forschung in den Vordergrund. Dann aber gewann eine an ökonomischen Zielen orientierte Forschungsstrukturpolitik wieder die Oberhand.[154] Das schlug sich in Forderungen nach stärkerer Ausrichtung der Zentren auf die Leistungs- und Wettbewerbsfähigkeit der Wirtschaft und nach einem verbesserten Technologietransfer von der Forschung in die Industrie nieder. Parallel dazu gab es auch immer wieder Absichten des Ministeriums, die Zentren stärker in eine zentrale Steuerung von oben einzubinden. Weiterhin wurden die Großforschungseinrichtungen in die Bemühungen des Forschungsministeriums einbezogen, mit Mitteln der Systemanalyse die Planung und Steuerung einer stärker am gesellschaftlichen Bedarf ausgerichteten Forschung zu verbessern und deren Prognosekapazität auszubauen. Die Zentren kamen der Forderung nach vorausschauender Analyse des „technisch Machbaren" und des „gesellschaftlich Wünschbaren" vor allem auf den vier Gebieten der langfristigen Energieversorgung, der Rohstoffgewinnung und Rohstoffsicherung, des Verkehrs und der Kommunikation durch ein spezifisches AGF-Programm „Angewandte Systemanalyse" (ASA) nach. Dieses Programm war allerdings wegen wissenschaftlich-methodischer und organisatorischer Schwierigkeiten und wegen der unklaren Aufgabenstellung durch das Ministerium, das zwischen dem Wunsch nach Entwicklung langfristiger Prognosen und Strategien und der Forderung nach kurzfristiger Entscheidungshilfe durch die ASA hin und her schwankte und zudem keine Lösung für die Einbeziehung politischer Optionen in das Programm anzubieten vermochte, nur wenig erfolgreich. Es wurde daher 1982 – auch angesichts der Kürzung des Forschungshaushaltes der Großforschungseinrichtungen – beendet.[155]

Nachdem seit 1973/74 auch unter dem Einfluß der wirtschaftlichen Rezession vielfach eine stärkere Ausrichtung der Großforschung an den unmittelbaren Interessen der Wirtschaft verlangt wurde, sind die Möglichkeiten und Grenzen der Zusammenarbeit zwischen Großforschungseinrichtungen und Industrie u. a. von einer Arbeitsgruppe des Bundesverbandes der Deutschen Industrie und der AGF, die im Juni 1978 ihren Bericht vorlegte,[156] eingehend erörtert worden. Es wurde dabei auf den Ausbau der Verbindungen zur Industrie durch eine „verstärkte Mitwirkung der Vertreter der Industrie in den Aufsichtsgremien und den Projektbeiräten der Großforschungseinrichtungen" hingewiesen und das generelle Interesse an einer besseren Zusammenarbeit betont. Auch vom vermehrten Abschluß von Zeitverträgen (an Stelle von Dauerverträgen) versprach man sich eine bessere Förderung der ungenügenden personellen Mobilität zwischen Großforschungseinrichtungen und Industrie. Man sah dabei das wichtigste Kooperationsfeld in „mittelfristigen technologischen Projekten, deren Lösungswege im Prinzip bekannt und zeitlich überschaubar sind"; dagegen seien kurzfristige Problemlösungen im Regelfall Angelegenheiten der Industrie, während „langfristige technologische Großvorhaben mit hohem Erfolgsrisiko ... grundsätzlich Angelegenheit der Großforschungseinrichtungen" seien. Weiter sollte der Technologietransfer vor allem zur Mittel- und Kleinindustrie durch „Zusammenarbeit bei der Lösung spezieller technischer Probleme, durch Auftragsforschung und technologische Beratung" verbessert werden. Abgesehen von der unterschiedlichen Struktur und Aufgabenstellung von Industrieforschung und staatlich finanzierter Großforschung wurde die Zusammenarbeit dadurch erschwert, daß die an gemeinsamen Forschungsvorhaben beteiligten Industrieunternehmen aufgrund ihrer kommerziellen Interessen eine exklusive Bindung ihrer Partner in den Großforschungseinrichtungen wünschten, während vom Staat „aus dem Einsatz öffentlicher Mittel" im allgemeinen die Verpflichtung abgeleitet wurde, die gewonnenen Erkenntnisse allgemein zugänglich zu machen.

Die Großforschungseinrichtungen haben von den Möglichkeiten der Zusammenarbeit mit der Industrieforschung in unterschiedlichem Maße Gebrauch gemacht. So wurden Fertigungs- und Entwicklungsaufträge an die Industrie vergeben, andererseits wurde auch Auftragsforschung für die Industrie geleistet. Die Großforschungseinrichtungen kooperierten ferner mit der Industrie durch den Transfer von Neben- und Zwischenergebnissen der eigenen Forschungsarbeiten, durch die Gewährung von wissenschaftlich-technischen Dienstleistungen, durch Mitwirkung an der Aus- und Weiterbildung der in der Industrie tätigen Forscher und einen begrenzten Personalaustausch.[157] Allerdings differierte die Bereitschaft zur Zusammenarbeit je nach Interessenlage und der Anwendungsnähe der eigenen Forschungen.

Insgesamt wurden jedoch die Grenzen der praktischen Zusammenarbeit sehr deutlich. Das lag zum Teil daran, daß die Bereitschaft der Großforschungseinrichtungen zu Transferleistungen von den Unternehmen nicht genügend abgerufen wurde, da diese glaubten, aufgrund ihrer eigenen Marktbeobachtungen und der daraus abgeleiteten Unternehmensstrategie ihren technologischen Bedarf selbst besser einschätzen zu können als die Zentren, die von oft diffusen staatlichen Vorgaben abhängig waren.[158] Daneben wurde aber auch vom Bundesverband der Deutschen Industrie 1984 die mangelnde Flexibilität der Großforschungszentren beim Aufgreifen zukunftsträchtiger neuer Forschungsthemen kritisiert.[159] Nach einer Umfrage von 1985 haben von den deutschen Unternehmen, die überhaupt externe Forschungs- und Entwicklungseinrichtungen in Anspruch nahmen, 54 % mit Universitätsinstituten, 34 % mit kommerziellen Forschungseinrichtungen, 30 % mit Instituten von Fachhochschulen, 27 % mit Instituten der Fraunhofer-Gesellschaft, 8 % mit ausländischen Forschungseinrichtungen und gleichfalls nur 8 % mit Großforschungseinrichtungen kooperiert.[160]

Bereits seit den frühen 1980er Jahren wurden aber auch die grundsätzlichen Unterschiede zwischen der Industrieforschung und der aus öffentlichen Mitteln finanzierten Großforschung wieder klarer gesehen und die spezifischen Aufgaben der Einrichtungen für Staat und Gesellschaft wieder eindeutiger herausgearbeitet. Damit verbunden war der Versuch, gemäß einer Forderung des Bundestages vom 26.1. 1984,[161] die Flexibilität der Zentren zu steigern und ihre Eigeninitiative zu stärken.

Ein Ausdruck dieser neuen Tendenzen war der in Abstimmung mit den Zentren und den Sitzländern der einzelnen Großforschungseinrichtungen im April 1984 vorgelegte umfangreiche Bericht der Bundesregierung über „Status und Perspektiven der Großforschungseinrichtungen", der 1985 durch eine Veröffentlichung der AGF „Zur thematischen Orientierung der Großforschung in den 80er und 90er Jahren" ergänzt wurde. Dabei wurden die zentralen Aufgaben der Großforschungseinrichtungen in der wissenschaftlichen Fundierung der staatlichen Daseins- und Zukunftsvorsorge, in der Sicherung der Lebens- und Umweltqualität sowie in der Entwicklung neuer Technologien besonders auf den Gebieten der Biotechnologie, der Informations- und Kommunikationstechnik und der Materialforschung gesehen. Die technologischen Entwicklungen sollten dabei auch die internationale Wettbewerbsfähigkeit gegenüber der amerikanischen und besonders der „japanischen Herausforderung"[162] gewährleisten. Das noch 1984 vom Bundesministerium für Forschung und Technologie so stark propagierte Konzept der Ausrichtung der Forschung auf die unmittelbaren Bedürfnisse der Wirtschaft und den Technologietransfer wurde bereits im gleichen Jahr von Hans Wolfgang Levi, dem damaligen Vorsitzenden der AGF, relativiert. In Antwort auf die Kritik des BDI wies er darauf hin, daß die Entwicklung wirtschaftlich erforderlicher Technologien nur eine neben anderen wichtigen Aufgaben der Großforschung sei und daß die Großforschung die „Denk-, Arbeits- und Organisationsstrukturen der Industrie" nicht einfach übernehmen könne,[163] sondern notwendig eigene Wege gehen müsse. Inzwischen sind auch vom Ministerium die Erwartungen, daß die Großforschungseinrichtungen einen wesentlichen Beitrag zum direkten Technologietransfer in Wirtschaftsunternehmen leisten könnten, weitgehend zurückgeschraubt worden.[164]

Insgesamt wurde in den 1980er Jahren, wie ein weiterer Bericht der Bundesregierung vom Oktober 1986 betont, ein tiefgreifender Wandel in der Struktur der Großforschung deutlich, der besonders den anwendungsorientierten Bereich betraf. Die Großforschung sei „in der Vergangenheit vor allem durch die Entwicklung großer technischer Systeme (z.B. Kerntechnik, Luftfahrt, Raumfahrt, Meerestechnik) und damit durch relativ klare Zielsetzungen charakterisiert" gewesen. Bei der neuen Art der Großforschung aber gehe es vor allem um „die Untersuchung großer, komplexer Systeme mit einem breiten Spektrum wissenschaftlicher Disziplinen", für die im Unterschied zu technischen Projekten „nur in wenigen Fällen von Beginn an klare Zieldefinitionen sowie Kosten- und Zeitpläne vorgegeben" werden könnten.[165] Als Beispiele werden die Umweltforschung, die Klimaforschung, die Gesundheitsforschung und das im Bericht der Bundesregierung von 1984 geforderte „Frühwarnnetz" für die frühzeitige Identifizierung der Chancen und Risiken neuer Technologien[166] genannt. Die Großforschung in diesem Bereich ähnele damit „mehr der Grundlagenforschung, obwohl sie im Unterschied dazu auf praktische Anwendung der Forschungsergebnisse ausgerichtet" sei „und zur Beantwortung gesellschaftlich bedeutsamer Fragestellungen beitragen" solle.[167]

In der letzten Veröffentlichung des Bundesministeriums für Forschung und Technologie über „Status und Perspektiven der Großforschungseinrichtungen im vereinigten Deutschland" vom 24.9.1991, in der insbesondere die Funktion der Großforschung beim Aufbau einer gesamtdeutschen Forschungslandschaft behandelt wird, werden die vordringlichen und spezifischen Aufgaben der Großforschungseinrichtungen im Aufgreifen multidisziplinärer Themen der Vorsorge, in der Durchführung von Langfristprogrammen und in der Grundlagenforschung mit Großgeräten gesehen. Unbestritten sei die zentrale Rolle von Großforschungseinrichtungen in der Polarforschung, der Fusionsforschung, der Weltraumforschung und der physikalischen Grundlagenforschung mit Großgeräten. In der Vorsorgeforschung – insbesondere auf den Gebieten Umwelt und Gesundheit – seien Großforschungseinrichtungen unerläßlich „zur Sicherung komplexer interdisziplinärer Forschung mit sehr langfristiger Zielsetzung und entsprechendem Bedarf an institutionell gesicherten Kapazitäten". Dabei sollte aber das Ziel sein, die Funktionen der Großforschungseinrichtungen, die zu Kristallisationspunkten für die Bearbeitung größerer problemorientierter Forschungszusammenhänge werden sollten, auf das Notwendige zu konzentrieren und sie zur Zusammenarbeit mit anderen Forschungseinrichtungen, insbesondere an den Hochschulen, zu veranlassen. In der Förderung der Entwicklung Neuer Technologien, für die insbesondere die Fraunhofer-Gesellschaft in den 1980er Jahren erheblich ausgebaut wurde, sollten die Großforschungseinrichtungen dagegen auf wenige Ausnahmen besonderen öffentlichen Interesses beschränkt werden; die Grundlagenforschung, vor allem auf den neuen Gebieten der Schlüsseltechnologien, sollte vorrangig den Universitäten überlassen werden.[168]

Insgesamt wurde zwar die Notwendigkeit der Großforschungseinrichtungen auch seit den 1980er Jahren weiter betont, ihre Aufgabenstellung aber weniger eindeutig definiert als in der Diskussion der 1960er Jahre und der Positionsbeschreibung des Wissenschaftsrates von 1975. Dadurch traten die Eigenständigkeit und der besondere wissenschaftliche Zuschnitt jedes einzelnen Zentrums wieder stärker in den Vordergrund, während gleichzeitig die Grenzen zur Forschung an den Hochschulen und an den Instituten der Max-Planck-Gesellschaft, zur staatlichen Ressortforschung, aber auch zu gewissen Zweigen der Industrieforschung nicht selten verschwammen.

Im Unterschied zur zunehmend kritischer beurteilten Arbeit eines Teils der Großforschungseinrichtungen, deren Expansion seit dem Anfang der 1970er Jahre deutlich gebremst wurde, ist es der in den 1950er und frühen 1960er Jahren in ihrer Existenz gefährdeten Fraunhofer-Gesellschaft gelungen, sich dauerhaft zu etablieren und stark zu expandieren. Die Zäsur in der Entwicklung der Fraunhofer-Gesellschaft war die Entscheidung der Bundesregierung 1968, die Gesellschaft zu einer großen leistungsfähigen Trägerorganisation der angewandten Forschung auszubauen und sie vor allem durch die Gewährung einer Grundfinanzierung in die institutionelle Förderung des Bundes aufzunehmen. Den Anstoß dazu gab eine Empfehlung des Wissenschaftsrates von 1965 zur Stärkung und besseren Koordination der angewandten Forschung, die am 28.4. 1967 im Anschluß an Besprechungen mit führenden Vertretern der großen Wissenschaftsorganisationen in einem Vermerk der Geschäftsstelle des Wissenschaftsrates „zur angewandten Forschung und Entwicklung“ präzisiert wurde. Nach Erörterung mit den interessierten Bundesressorts führte sie zur Einberufung einer unabhängigen

Im Fraunhofer-Institut für solare Energiesysteme (ISE) in Freiburg wird der Wirkungsgrad einer Solarzelle unter der ‚künstlichen Sonne' gemessen.

„Kommission des Bundesministeriums für Bildung und Wissenschaft zur Förderung des Ausbaus der Fraunhofer-Gesellschaft". Diese Kommission empfahl die finanzielle Unterstützung der Fraunhofer-Gesellschaft aus öffentlichen Mitteln. Damit sollten als notwendige Voraussetzung und Ergänzung der Auftrags- und Vertragsforschung anwendungsorientierte Grundlagenforschung und Auftragsfolgeforschung gewährleistet und Forschungen von gesamtgesellschaftlicher Bedeutung ermöglicht werden, die mangels ökonomischer Anreize in wirtschaftseigenen Forschungs- und Entwicklungsstellen nicht ausreichend bearbeitet werden konnten – wie z. B. die Lösung wissenschaftlich-technischer Aufgaben zur Verbesserung der Umweltbedingungen. Weiter wollte man damit auch die bisher sehr starke Abhängigkeit der Gesellschaft vom Verteidigungsministerium, dessen Aufträge nur noch unter bestimmten Voraussetzungen übernommen werden sollten, verringern.[169]

Die ursprüngliche Absicht des Wissenschaftsrates, die in der Öffentlichkeit stark kritisierte Beteiligung von Instituten und Forschungsgruppen der Gesellschaft an der Verteidigungsforschung völlig zu beenden oder zumindest die Institute auszugliedern, die mit *geheimen* Aufträgen des Verteidigungsministeriums befaßt waren, wurde zwar nicht durchgesetzt;[170] der Anteil der verteidigungsbezogenen Forschungsmittel im Haushalt der Fraunhofer-Gesellschaft ging aber von über 50 % vor 1969 auf etwa 20 % bis 1974 zurück.[171]

Die Umsetzung der Empfehlungen der Kommission war mit einer verstärkten Einflußnahme des Bundes verbunden, der eine Umstrukturierung der Gesellschaft erzwang und deren Politik über seine Vertreter in den Organen der Gesellschaft in Zukunft wesentlich beeinflußte. Nach dem Forschungsbericht IV der Bundesregierung vom April 1972 sollte die Fraunhofer-Gesellschaft, die nunmehr einen wesentlichen Platz in der Forschungspolitik des Bundes einnahm und immer wieder zur engen Zusammenarbeit mit den Hochschulen, den öffentlichen außeruniversitären Forschungseinrichtungen und den Forschungs- und Entwicklungsabteilungen der Industrieunternehmen angehalten wurde, „die Aufgabe einer allgemeinen Trägergesellschaft für Institute der anwendungsnahen Forschung übernehmen und damit eine Lücke zwischen der MPG als Trägergesellschaft für die Grundlagenforschung einerseits und der industrieeigenen Forschung andererseits ausfüllen."[172]

Im Gegensatz zur DFG, zur MPG und zu den Großforschungseinrichtungen, die fast ausschließlich aus öffentlichen Mitteln unterhalten werden, wurde die Fraunhofer-Gesellschaft nach dem Modell einer variablen und erfolgsabhängigen Grundfinanzierung unterstützt. Danach richteten sich die Zuwendungen für Eigenforschung wesentlich nach der Höhe des Vertragsforschungsvolumens.[173] Daneben gab es eine Absicherung gegen die mit der Vertragsforschung verbundenen Risiken durch eine Ausfallfinanzierung des Bundes. In den Empfehlungen wurden drei Typen von Instituten nach dem Anteil der Eigenfinanzierung unterschieden: Institute der überwiegend anwendungsorientierten Grundlagenforschung mit hohem Zuschußbedarf;

Institute mit etwa gleichen Anteilen der Vertrags- und Grundlagenforschung mit geringem Zuschußbedarf und Institute mit weitgehender oder ausschließlicher Vertragsforschung, die keinen allgemeinen Grundzuschuß, aber Finanzierungs- und Investitionshilfe benötigen.[174]

In der Fraunhofer-Gesellschaft, die seit der Aufnahme in die institutionelle Förderung des Bundes besonders stark expandierte,[175] spielten neben den durch die Grundfinanzierung ermöglichten neuen Forschungsaufgaben weiter vor allem die Vertragsforschung für die Wirtschaft und staatliche Stellen und das Angebot von bestimmten Dienstleistungen, zum Beispiel im Patentwesen, eine große Rolle. Weiter konnte sie aber jetzt auch in größerem Umfang Eigenforschungsvorhaben „zur Erhaltung der wissenschaftlichen Qualität, Sicherung der Marktchancen und Erschließung neuer Forschungsbereiche" unternehmen.[176]

7. Die Forschungslandschaft in der Bundesrepublik am Ende der achtziger Jahre

In den späten 1980er Jahren setzte aufgrund der angedeuteten neuen Entwicklungen vor allem im Rahmen des Wissenschaftsrates eine intensive, noch nicht abgeschlossene Diskussion über den Ort der Großforschungseinrichtungen in der Forschungslandschaft der Bundesrepublik und besonders über ihr Verhältnis zur universitären Forschung ein.

Schon 1980 hatten sich die Westdeutsche Rektorenkonferenz und die AGF auf „Empfehlungen" und „gemeinsame Informationen" zur Verbesserung der Zusammenarbeit zwischen Hochschulen und Großforschungseinrichtungen geeinigt.[177] Die Empfehlungen sahen eine verstärkte Koordination von Forschungsvorhaben unter anderem durch die gemeinsame Nutzung von Forschungsanlagen und ein stärkeres Zusammenwirken im personellen Bereich vor. Letzteres sollte vor allem durch Vereinbarungen über gemeinsame Berufungsverfahren von Großforschungseinrichtungen und benachbarten Universitäten, die für die Rekrutierung der wissenschaftlichen Führungskräfte einiger der Einrichtungen bereits seit längerem bestanden, und durch eine enge Kooperation bei der Förderung des wissenschaftlichen Nachwuchses verbessert werden.

Die Tendenzen zur Verlagerung der Forschung von den Hochschulen zur Wirtschaft und zu außeruniversitären Einrichtungen veranlaßten schließlich den Wissenschaftsrat in seinen Empfehlungen „zu den Perspektiven der Hochschulen in den 90er Jahren" aus dem Jahre 1988, die Bedeutung der Hochschulen als Fundament des gesamten deutschen Forschungssystems zu unterstreichen und Vorschläge zur Stärkung der Forschung an den Hochschulen und gegen die Aufweichung der Verbindung von Forschung und Lehre zu machen.[178] Tatsächlich war der Anteil der Hochschulen an den Gesamtausgaben für

Forschung und Entwicklung in der Bundesrepublik zwischen 1975 und 1989 von 18,6 auf 13,6 % um mehr als ein Viertel vor allem zugunsten der Wirtschaft zurückgegangen (vgl. Anhang, Tabelle 2). Nach den Berechnungen des Wissenschaftsrates waren nach Abzug der Preissteigerung die Forschungsausgaben der Hochschulen von 1975 bis 1987 nur minimal um etwas über 2 % gestiegen, während das Forschungsbudget insgesamt um über die Hälfte, das der Wirtschaft sogar um fast 80 % zunahm.[179]

Die Ursachen für diese Entwicklung sah der Wissenschaftsrat vor allem in der Tendenz aller modernen Industriegesellschaften, neben dem traditionellen Wunsch nach Erkenntnisgewinn technologiepolitischen Zielen, „die die Forschung instrumentalisieren und primär als Mittel zur Wohlstandssteigerung im weitesten Sinne ansehen", ein stärkeres Gewicht zu geben. Damit einhergehend gewinne der mittel- und langfristige Anwendungsbezug in der Forschung gegenüber der Grundlagenforschung – der wesentlichen Domäne der Hochschulen – an Bedeutung, und Gebiete mit „nachgewiesener oder vermuteter Relevanz für technische und wirtschaftliche Entwicklung" würden verstärkt gefördert. Zudem seien die früheren Abgrenzungen zwischen der Grundlagenforschung, der angewandten Forschung und der experimentellen Entwicklung fließender geworden. Das arbeitsteilige Forschungssystem, in dem den Hochschulen vor allem Aufgaben der Grundlagenforschung zufallen, entspräche nicht mehr der Wissenschaftsentwicklung, so daß das Verhältnis der Hochschulen zur Wirtschaft und zu außeruniversitären Forschungseinrichtungen sowie ihre Rolle in der angewandten Forschung zumindest in einer Reihe von Fächern neu definiert werden müßten.[180]

Die konkreten Vorschläge des Wissenschaftsrates sahen neben der besseren finanziellen Absicherung der Hochschulforschung deren sehr viel intensivere Kooperation mit der Wirtschaft und den außeruniversitären Forschungseinrichtungen vor. Insbesondere sollte vor der Neugründung außeruniversitärer Forschungseinrichtungen jeweils geprüft werden, ob die vorgesehene Arbeit nicht an den Hochschulen durchgeführt werden könne. Auch die Aufgaben der bestehenden außeruniversitären Institutionen seien dahingehend zu analysieren, ob sie nicht auf Dauer besser in einer Hochschule erfüllt werden könnten.[181]

Wurden in den ‚Perspektiven der Hochschulen' von 1988 die Großforschungseinrichtungen nur am Rande erwähnt, so veröffentlichte der Wissenschaftsrat am 29. Januar 1991 detaillierte Empfehlungen ‚zur Zusammenarbeit von Großforschungseinrichtungen und Hochschulen', in denen auch der Stand der Forschung, die Aufgabenteilung und die Kooperation in einzelnen Forschungsfeldern – Erforschung der Grundlagen der Materie, Materialforschung, Informatik und Informationstechnik, Biotechnologie, Gesundheitsforschung, Umweltforschung, Energieforschung, Weltraumforschung – eingehend analysiert wurden.[182]

Das Dokument reflektierte die Probleme im Verhältnis von Großforschungseinrichtungen und Universitäten, die sich aus der thematischen Neuorientierung der Zentren seit dem Ende der 1970er Jahre und der zunehmenden Annäherung ihrer Forschungsarbeit an die der Hochschulen vor allem in den Gebieten Gesundheits- und Umweltforschung, aber auch in den Neuen Technologien, wie z. B. der Biotechnologie, der Mikroelektronik, der Informationstechnik und der Materialforschung, ergeben hatten. Insbesondere wurde aus der verstärkten Hinwendung der Großforschungseinrichtungen zur Grundlagenforschung die Forderung nach Rückführung eines Teils ihrer Arbeitsfelder an die Universitäten abgeleitet.[183] Diese radikalen Bestrebungen werden sich schon wegen des institutionellen Eigengewichts der Großforschungseinrichtungen und der faktischen Unkündbarkeit eines wesentlichen Teils ihres wissenschaftlichen und sonstigen Personals nur teilweise verwirklichen lassen. Dagegen liegen in einer intensiveren Zusammenarbeit von Großforschungseinrichtungen und Hochschulen erhebliche Chancen für die Vermittlung innovativer Anstöße auf beiden Seiten. Um nur einige Möglichkeiten der Zusammenarbeit zu nennen, sei etwa auf die Bildung von kooperativen Forschergruppen und Sonderforschungsbereichen, die Ausweitung der Praxis gemeinsamer Berufung von leitenden Wissenschaftlern, den temporären Austausch von wissenschaftlichem Personal und den Auf- und Ausbau von Netzwerkstrukturen in bestimmten Forschungsgebieten hingewiesen.[184]

Nach einer Analyse der Situation in einzelnen Forschungsfeldern durch den Wissenschaftsrat, die hier nur in wenigen Punkten angedeutet werden kann, gibt es eine beispielhafte und fruchtbare Zusammenarbeit zwischen Großforschungseinrichtungen und Hochschulen z.B. in der Biotechnologie. Dagegen werden die Unterentwicklung der klinischen Forschung, der geringe Leistungsstand der Umweltforschung und die Kluft zwischen den im politischen Raum ausgehandelten und in der Entwicklung befindlichen großen europäischen Raumfahrtprojekten und ihrer Nutzung durch Wissenschafts- und Anwendungsprogramme in Deutschland kritisiert.[185] Diese Schwächen hängen z.T. mit der Isolation mancher Großforschungseinrichtungen, die nach dem Wissenschaftsrat z.B. in der Umweltforschung kaum einen Informations- und Personalaustausch mit den Hochschulen pflegen,[186] zusammen.

Die Anpassung der Großforschungseinrichtungen an den veränderten gesellschaftlichen Bedarf und die Entwicklung ihrer Forschungsschwerpunkte spiegeln sich in den seit 15 Jahren veröffentlichten Programmbudgets der AGF wider, die Auskunft über die jährlichen Ausgaben in den wichtigsten Aufgabenfeldern geben. Im Bereich der Energieforschung und -technologie, den ältesten Arbeitsfeldern der Großforschungseinrichtungen, sind die Ausgaben für die Kerntechnik zurückgegangen, besonders seit die Projekte zur Entwicklung eines Schnellen Brüters und eines Hochtemperaturreaktors beendet wurden. Erheblich mehr Gelder wurden dagegen für die Kernfusion, die Fusionstechnologie und die nichtnuklearen Energiesysteme eingesetzt. Eine signifikante Zunahme der Forschungsausgaben erfolgte auch in der Datenverarbeitung, den Schlüssel- oder Basistechnologien, der Weltraumforschung und -technik sowie in den Gebieten Gesundheit, Ernährung und Umwelt (vgl. Anhang, Tabelle 7 sowie Schaubild 1).

Auf die Großforschungseinrichtungen entfielen insgesamt mit etwa 3,3 Milliarden Mark 1989 – dem letzten Jahr, für das zuverlässige publizierte Schätzungen des Bundesministeriums für Forschung und Technologie vorliegen – nur etwa 5 % der sich auf 66,7 Milliarden Mark belaufenden Ausgaben für Forschung und Entwicklung in den alten Ländern der Bundesrepublik Deutschland.[187] Unter den wesentlich aus öffentlichen Mitteln finanzierten außeruniversitären Forschungseinrichtungen erhielten sie aber mit 45,2 % im Jahr 1986 den Löwenanteil und lagen damit weit vor der Max-Planck-Gesellschaft (14,3 %) und den Bundesforschungsanstalten (11,6 %).[188] Der mit Abstand größte Anteil am gesamten Forschungsbudget der Bundesrepublik entfiel 1989 mit 47,3 Milliarden Mark auf die Wirtschaft, die von den Ausgaben für Forschung und Entwicklung 42,4 Milliarden aufbrachte, daneben aber auch aus öffentlichen Mitteln unterstützt wurde. Kennzeichnend für die Entwicklung der letzten Jahre ist, daß der Anteil der Wirtschaft an den Ausgaben für Forschung und Entwicklung von 1975 bis 1989 von 60,6 % auf 71 % zugenommen hat und ihr Beitrag zur Finanzierung der Forschung sogar von 47,8 % auf 63,5 % noch signifikanter um ein Drittel gestiegen ist.[189] Dem entspricht im gleichen Zeitraum ein Rückgang des Anteils der Hochschulen und der wesentlich aus öffentlichen Mitteln finanzierten außeruniversitären Forschungseinrichtungen an den insgesamt zur Verfügung stehenden Forschungsmitteln von zusammen 35,6 % auf 26,2 %. Sehr deutlich, von 48,8 % auf 34,5 %, ist auch der Anteil des Bundes und der Länder an der Finanzierung der Forschung zurückgegangen. Insgesamt hat die Wirtschaft ihre Eigenaufwendungen für Forschung und Entwicklung von 1981 bis 1989 um 92 % gesteigert, während der Bund (34 %) und die Länder (32 %) nur wenig mehr als ein Drittel dieser Steigerungsrate erreichten (vgl. Anhang, Tabelle 2 und 3).

Der Anteil der Ausgaben für Forschung und Entwicklung am Bruttoinlandsprodukt stieg in der Bundesrepublik von 1975 bis 1987 von 2,1 auf 2,9 % um etwa ein Drittel. Damit lag die Bundesrepublik mit Japan (2,9) und den Vereinigten Staaten (2,9) vor Frankreich (2,3), Großbritannien (2,3), Kanada (1,4) und Italien (1,2) in der Spitzengruppe der 7 großen westlichen Industrieländer (vgl. Anhang, Tabelle 4).[190]

In der Forschung und Entwicklung wurden in der Bundesrepublik Deutschland 1987 – dem letzten Jahr, für das vollständige Angaben vorliegen – 419 205 Personen, darunter 165 614 Forscher, 122 458 technische Mitarbeiter und 131 134 sonstige Arbeitskräfte, beschäftigt. Davon entfielen 295 333 (70,5 %), darunter 107 113 Forscher (36,3 %), auf den Wirtschaftssektor, 67 181 (16,0 %), darunter 36 644 (54,5 %) Forscher, auf den Hochschulsektor, 54 275 (12,9 %), darunter 20 574 (37,9 %) Forscher, auf den Staatssektor und 2416 (0,6 %), darunter 1283 (53,1 %) Forscher, auf private wissenschaftliche Institutionen ohne Erwerbszweck (vgl. Anhang, Tabelle 5). Innerhalb des Staatssektors, in dem 1989 insgesamt 56 833 Beschäftigte, darunter 22 646 Forscher, gezählt wurden, kam auf die Großforschungseinrichtungen mit 21 379 (37,6 %) Beschäftigten, darunter 8479 Forschern, der Hauptanteil. 8718 Personen, davon 3195 Forscher, beschäftigten die Max-Planck-Institute, 3843, davon 1722 Forscher, die Institute der Fraunhofer-Gesellschaft, während in den Staatsinstituten (ohne Bibliotheken, Archive und Museen) 12 792 Personen, davon 4977 Forscher, in den Bereichen Forschung und Entwicklung tätig waren (vgl. Anhang, Tabelle 6).

8. Großforschung im vereinigten Deutschland

Durch die Vereinigung der beiden deutschen Staaten ist die Wissenschaftsunion – die Zusammenführung der so völlig verschiedenen Systeme von Wissenschaft und Forschung im Westen und Osten des Landes – eine der zentralen Aufgaben bei der Schaffung auch der inneren Einheit des so lange gespaltenen Landes geworden.

Das Wissenschaftssystem der DDR unterschied sich von dem der Bundesrepublik durch die einseitige staatliche Steuerung und damit durch das Fehlen der „Dialektik von Staat und Gesellschaft", die für die Autonomie und die Freiheit der Forschung von grundlegender Bedeutung ist.[191] Ferner galt auch für die Forschung wie für die gesamte Gesellschaft die im Art. 1 der DDR-Verfassung festgeschriebene Führungsrolle der SED als der „marxistisch-leninistischen Partei" der Arbeiterklasse, deren Ideologie und die daraus abgeleiteten Strukturen von Staat und Wirtschaft nicht in Frage gestellt werden durften.

Kennzeichnend war im Rahmen dieses Systems die enge Ausrichtung der Forschung an Planungsvorgaben des Staates, ihre feste Einbeziehung in den zentralstaatlichen Machtapparat und ihre weitgehende Verlagerung von den Universitäten an die Akademien und die großen Industriekombinate. Außerdem war die Forschung in die internationale Entwicklung nur wenig eingebunden, litt unter personeller Überbesetzung und mangelhafter apparativer Ausstattung.

Die allmähliche Umformung der alten berühmten Preußischen Akademie der Wissenschaften in Berlin nach sowjetischem Vorbild von einer Gelehrtengesellschaft, die gleichzeitig einige vor allem geisteswissenschaftliche Großprojekte – wie Wörterbücher, Inschriftensammlungen und die Edition der Werke bedeutender Wissenschaftler – betrieb, zum wichtigsten Zentrum gerade auch der naturwissenschaftlichen und ingenieurwissenschaftlichen Forschung kann hier nicht in ihren verschiedenen Phasen nachgezeichnet werden.[192] Nach dem Jahresbericht der Akademie der Wissenschaften der DDR von 1989 beschäftigte sie in 41 mathematisch-naturwissenschaftlichen und technischen, zwei medizinischen und 13 sozial- und geisteswissenschaftlichen Forschungseinrichtungen sowie 23 weiteren Einrichtungen im Jahresdurchschnitt 23 750 Mitarbeiter. Dabei entfielen auf Forschung und Entwicklung 15 169 Mitarbeiter, darunter 8152 Forscher.[193] Die Akademie wurde an staatlichen Wirtschaftsplänen ausgerichtet; ihre Forschungsziele orientierten sich, wie es in dem Bericht heißt, „überwiegend an den für die Entwicklung von Wissenschaft und Technik bestimmten Schwerpunkten eines wirtschaftlich weitgehend autarken, von internationalen Entwicklungen und Beziehungen stark isolierten Landes."[194]

Seit 1985 ist die Zusammenarbeit mit der Wirtschaft, besonders durch die immer weitergehende Ausrichtung der Akademieforschung auf die Interessen der großen Industriekombinate, die allerdings auch ihre eigenen Forschungseinrichtungen unterhielten, verstärkt worden. Dabei wurden erhebliche Mittel in moderne Schlüsseltechnologien wie Mikroelektronik, Rechentechnik, Automatisierungstechnik und Biotechnologie für Medizin, Lebensmittelproduktion, Landwirtschaft, Veredelung von Rohstoffen und Reduzierung von Umweltbelastungen sowie in anwendungsorientierte „Vorlaufforschung" gelenkt. Gleichzeitig wurde eine enge „Verflechtung von Forschung und Produktion" angestrebt.[195] Etwa die Hälfte der Aktivitäten der Akademie bestand in industrieller Auftragsforschung für Kombinate, ein Viertel in anwendungsorientierter staatlich gelenkter Forschung, während etwa nur ein Viertel, das allerdings auch Planungsvorgaben des Staates unterlag, dem bundesrepublikanischen Verständnis von Grundlagenforschung nahekam.[196]

Die weitgehend vertraglich geregelte Zusammenarbeit der Akademie mit den Kombinaten und anderen Betrieben der Wirtschaft hat aber, wie in dem Bericht kritisch bemerkt wird, vor allem wegen der mangelnden Investitionskraft der Wirtschaft „nicht im erforderlichen Maße zu der beabsichtigten ertragreichen Wechselwirkung zwischen Wirtschaft und Wissenschaft geführt. Ein Sog nach Innovationen auf der Grundlage wissenschaftlicher Erkenntnisse ist ausgeblieben. Wesentlich neue, weltstandsbestimmende Leistungen und Ergebnisse der anwendungsorientierten Grundlagenforschung mit potentiell innovativen (sic!) Charakter für die Wirtschaft waren weniger gefragt als das Nachvollziehen von in der Welt bereits Bekanntem."[197]

In Art. 38 des Einigungsvertrages zwischen der Bundesrepublik und der DDR wurde vorgesehen, daß die öffentlich getragenen Einrichtungen der außeruniversitären Forschung in der DDR – es handelte sich neben der Akademie der Wissenschaften der DDR um die Bauakademie, die Akademie der Landwirtschaftswissenschaften sowie die nachgeordneten wissenschaftlichen Einrichtungen des Ministeriums für Ernährung, Land- und Forstwirtschaft – einer intensiven Begutachtung durch den Wissenschaftsrat unterworfen werden.[198] Ziel dieser Evaluierung war es, die außeruniversitären Forschungseinrichtungen in eine gesamtdeutsche Hochschul- und Forschungslandschaft einzubinden, dabei zentrale Grundsätze des bundesdeutschen Wissenschaftssystems – „Autonomie, Selbstverwaltung, Subsidiarität der außeruniversitären Forschung gegenüber der Hochschulforschung"[199] – durchzusetzen und die zentralistische Struktur von Wissenschaft und Forschung in der DDR in eine stärker föderalistische umzuwandeln.

Die am 5. Juli 1991 vorgelegten Empfehlungen des Wissenschaftsrates, in denen allerdings die agrarwissenschaftliche Forschung noch ausgespart wurde,[200] sehen vor, daß etwa 50 % des vorhandenen Personals in etatmäßigen Stellen untergebracht werden können. Daneben soll eine größere Zahl von Wissenschaftlern und Technikern aus Projekt- und Stipendienmitteln der wesentlichen Drittmittelgeber sowie aus Arbeitsbeschaffungsmaßnahmen von bis zu zwei Jahren zur Weiterqualifikation und Überbrückung bis zur neuen Anstellung finanziert werden.[201]

Im einzelnen sollte für etwa 1650 bis 1700 Beschäftigte eine Übernahme durch die Hochschulen, die allerdings ebenfalls personell überbesetzt sind, mit Hilfe von Forschungsmitteln für Arbeitsgruppen und Einzelforscher auf zwei Jahre erleichtert werden. Für die Beschäftigung an außeruniversitären öffentlichen Forschungseinrichtungen wurden 8300 Personen vorgesehen. Davon sollten 3500 Stellen in 27 neuen Instituten der sog. Blauen Liste, die meist im Verhältnis von 50 zu 50 von Bund und Ländern gefördert werden, und einigen Außenstellen bereits bestehender Institute der Blauen Liste geschaffen werden. Diese Institute, in denen wegen der finanziellen Schwäche der neuen Bundesländer zumindest für eine Übergangszeit der Finanzierungsanteil der jeweiligen Sitzländer im Osten spürbar gesenkt werden muß, erhalten daher ein sehr viel stärkeres relatives Gewicht im Gesamtsystem der Forschung der Bundesrepublik.[202] Dasselbe gilt für die Fraunhofer-Gesellschaft, die durch die Gründung von acht neuen Instituten und zehn Außenstellen mit insgesamt etwa 1000 Arbeitsplätzen ihr Personal um etwa ein Viertel erhöhen sollte, wobei in erheblichem Umfang auch Wissenschaftler und Techniker aus der industriellen Forschung zu übernehmen waren. Besonders die Förderung der Entwicklung moderner Technologie soll, soweit sie nicht von der Wirtschaft selbst übernommen wird, vor allem den Fraunhofer-Instituten oder ländernahen Einrichtungen überlassen werden.[203] Von der Max-Planck-Gesellschaft sollten insgesamt nur etwa 800 Beschäftigte aufgenommen werden. In dieser Zahl waren bereits die ca. 200 Personen für sieben geisteswissenschaftliche Zentren enthalten, die unter der Schirmherrschaft der MPG in enger Zusammenarbeit mit den benachbarten Universitäten als neue Organisationsform der Forschung gegründet werden sollen.[204] In Ressortforschungseinrichtungen des Bundes sollten 400, in Forschungseinrichtungen der Länder 1000 frühere Mitarbeiter der Akademien angestellt werden. In den Großforschungseinrichtungen waren nach den Vorschlägen des Wissenschaftsrats nur etwa 1600 neue Stellen, also etwa ein Fünftel der für die Übernahme durch außeruniversitäre Einrichtungen vorgeschlagenen Personenzahl, vorgesehen.[205]

Inzwischen liegt in einem Bericht zur Umsetzung der Empfehlungen des Wissenschaftsrates eine vorläufige, noch keineswegs abschließende Bilanz der Bemühungen zur Schaffung einer neuen Forschungslandschaft in der ehemaligen DDR (zum Stand vom 31.12.1991) vor.[206] Danach werden als Einrichtungen der Blauen Liste, die von Bund und Ländern gemeinsam finanziert werden, 31 neue Institute, eine neue Service-Einrichtung und drei neue Institutsteile bestehender Einrichtungen mit insgesamt 4724 Arbeitsplätzen (davon 4211 Haushaltsstellen) neu errichtet werden. Die Max-Planck-Gesellschaft schafft zwei neue Institute, zwei Außenstellen von Instituten, 29 Arbeitsgruppen an den Universitäten und eine Trägereinrichtung für die sieben vorgeschlagenen geisteswissenschaftlichen Zentren und bereitet weitere Gründungsbeschlüsse vor. Insgesamt sind dafür 825 Stellen in den neuen Bundesländern vorgesehen. Die Fraunhofer-Gesellschaft hat acht eigenständige neue Einrichtungen, einen neuen Institutsteil und zwölf Außenstellen von bestehenden Fraunhofer-Instituten mit insgesamt 1050 neuen Stellen (davon 900 Haushaltsstellen) errichtet.

In neu gegründeten Landesforschungseinrichtungen werden nach allerdings noch unvollständigen Angaben 1169 Arbeitsplätze, davon 714 Haushaltsstellen, geschaffen. Der Bund gründet eine Ressort-Forschungseinrichtung und erweitert bestehende Einrichtungen. Allein in den Bereichen des Bundesministeriums für Landwirtschaft und des Bundeswirtschaftsministeriums werden 1054 neue Haushaltsstellen eingerichtet. Weitere dauernde oder befristete Arbeitsplätze werden durch die Aufnahme von 60 Langzeitvorhaben mit 223 Haushaltsstellen in das Akademieprogramm, durch Errichtung einer Kommission für die Erforschung des sozialen und politischen Wandels in den neuen Ländern sowie durch forschungsnahe Arbeitsbeschaffungsmaßnahmen, über die allerdings am 31.12.1991 erst Projekte für 800 von den anvisierten insgesamt 2500 Beschäftigten tatsächlich bewilligt worden waren, geschaffen.

Im Rahmen des Neuaufbaus der Forschung in den neuen Bundesländern spielen die Großforschungseinrichtungen im Vergleich zu den alten Bundesländern eine deutlich geringere Rolle. Es werden drei neue Großforschungseinrichtungen aufgebaut und die in den alten Bundesländern bestehenden Großforschungseinrichtungen um acht neue, teilweise große Instituts-

Die Gründungsdirektoren der drei Großforschungseinrichtungen in den neuen Bundesländern (von links): Prof. Dr. D. Ganten, Max-Delbrück-Centrum für Molekulare Medizin Berlin-Buch, Prof. Dr. R. Emmermann, GeoForschungsZentrum Potsdam, Prof. Dr. P. Fritz, Umweltforschungszentrum Leipzig-Halle am Tag der Aufnahme (11. 3. 1992) in die Arbeitsgemeinschaft der Großforschungseinrichtungen.

teile ergänzt. Insgesamt sollen dabei 1726 Arbeitsplätze, davon 1592 Haushaltsstellen geschaffen werden. Bei den drei neuen Großforschungseinrichtungen handelt es sich um ein Zentrum für Molekularmedizin in Berlin-Buch, ein Geo-Forschungszentrum für kontinentale Lithosphärenforschung in Potsdam und ein Zentrum für Umweltforschung im Raum Leipzig-Halle.[207]

Mit dem *Max-Delbrück-Centrum für Molekulare Medizin* (MDC) in Berlin-Buch, das einen Teil des Forschungspotentials der früheren Zentralinstitute für Krebsforschung, Herz–Kreislaufforschung und Molekularbiologie übernimmt, soll ein neuartiges biomedizinisches Forschungszentrum von internationalem Rang geschaffen werden, in dem in einer bisher in Deutschland nicht realisierten Weise Grundlagenforschung und klinische Forschung eng miteinander vernetzt werden. Struktu-

Max-Delbrück-Centrum für Molekulare Medizin. Das Bild zeigt das älteste Gebäude des Campus Berlin-Buch, das Vogt-Haus. In diesem Haus hat der vor allem als Erforscher der Architektur der Großhirnrinde berühmte Neurologe Oskar Vogt (1870–1959), der im Auftrag der sowjetischen Regierung das Gehirn von Lenin untersuchte, als Direktor des Kaiser-Wilhelm-Instituts für Hirnforschung mit seiner Frau Cécile (1875–1962) bis zu seiner Entlassung durch die Nationalsozialisten wegen angeblicher Begünstigung von Juden und ‚Duldung kommunistischer Umtriebe' gearbeitet. Die Abbildung zeigt über dem Portal die Büste der Minerva.

rell neu an der inzwischen als Stiftung gegründeten Großforschungseinrichtung soll dabei vor allem die Ablösung von methodisch orientierten Instituten und Kliniken durch projektorientierte Forschungsgruppen sein, deren Mitglieder die Methoden und Denkweisen der verschiedenen Disziplinen einbringen, so daß „Erkenntnisse der Grundlagenforschung rasch und unmittelbar in der Klinik umgesetzt und angewandt werden können".[208]

Mit dem *Geo-Forschungszentrum* (GFZ) in Potsdam, das auf dem personellen Potential der vom Wissenschaftsrat positiv bewerteten Arbeitsgruppen der geowissenschaftlichen Institute der ehemaligen Akademie der Wissenschaften der DDR aufbaut, soll eine leistungsfähige Institution mit dem Schwerpunkt,die kontinentale Lithosphäre (d. h. die obersten 100 km im Schalenbau der Erde) zu erforschen, für die Planung, Koordinierung und Trägerschaft von geowissenschaftlicher Grundlagenforschung geschaffen werden. Man hofft, daß damit Deutschland in der kontinentalen Lithosphärenforschung eine ähnlich führende Rolle einnehmen kann wie die USA beim internationalen Tiefseebohrprojekt.[209]

Das neue *Umweltforschungszentrum* Leipzig/ Halle (UFZ), neben dem weitere 15 neue Institute mit vornehmlich ökologischen Forschungsaufgaben vorgesehen werden, ist vor allem eine Antwort auf die extremen Umweltbelastungen im Raum Halle-Leipzig-Bitterfeld. Das Zentrum soll als eine der tragenden Säulen eines Forschungsverbundes mit den Hochschulen und der Wirtschaft auf dem Gebiet der Umweltforschung „ökologische Forschung im Dienste der Bewältigung von Umweltproblemen in hochbelasteten Ballungsräumen" in einer Weise leisten, daß die Forschungsergebnisse in Entscheidungsprozessen in Staat und Wirtschaft umgesetzt und auch auf Regionen mit ähnlichen Problemen übertragen werden können.[210] Der Ausbau der Umweltforschung in den neuen Bundesländern ist dabei auch Teil der Bemühungen des Wissenschaftsrates, die Umweltforschung in Gesamtdeutschland neu zu strukturieren und stärker in eine globale oder doch zumindest europäische Perspektive einzubinden.[211]

Das 1892 erbaute ehemalige königlich-preußische Geodätische Institut Potsdam, heute das Hauptgebäude des GeoForschungsZentrums Potsdam.

Nach den jüngsten Berechnungen der Bund-Länder-Kommission für Bildungsplanung und Forschungsförderung vom März 1992 sollen 1992 232,1 Millionen oder nur 8 % des Budgets der Großforschungseinrichtungen von 2,9 Milliarden DM in die neuen Bundesländer gehen. Ähnlich gering ist ihr Anteil bei der Deutschen Forschungsgemeinschaft (124,5 Millionen von 1,5 Milliarden DM oder 8,2 %) und der Max-Planck-Gesellschaft (98,1 Millionen von 1,15 Milliarden DM oder 8,5 %). Dagegen werden 151,9 oder 43,7 % der 347,8 Millionen DM, die der Fraunhofer-Gesellschaft für 1992 aus öffentlichen Mitteln zur Verfügung gestellt werden, und 509,1 Millionen oder 48,8 % des Gesamtbudgets der Blaue-Liste-Einrichtungen von 1,04 Milliarden DM in die ostdeutsche Forschung gehen. Insgesamt sollen die öffentlichen Mittel für außeruniversitäre Forschung, ohne die Bundes- und Landesforschungsanstalten, aber einschließlich der Mittel, die über die DFG in die Hochschulen fließen, von 5,83 Milliarden 1991 auf 7,01 Milliarden 1992 erhöht werden.

Das Bild zeigt den Blick auf das Gelände des Umweltforschungszentrums Leipzig-Halle vom Hauptgebäude in Richtung Osten.

Von denen sind 1,13 Milliarden oder 16,1 % für die Forschung der neuen Bundesländer bestimmt.[211 a]

Für die Integration des Personals der Akademien in die Hochschulen wurden aufgrund eines besonderen Wissenschaftler-Integrations-Programms (WIP) bisher 1784 Förderzusagen erteilt. Allerdings hat ein Teil der Bewerber gleichzeitig eine Zusage zur Einstellung an einer außeruniversitären Forschungseinrichtung erhalten, so daß nicht alle Förderzusagen angenommen wurden.[212] Das Hauptproblem liegt jedoch darin, daß mit den Förderzusagen die Überführung des wissenschaftlichen Personals aus den Akademien in die Hochschulen, die sich ihrerseits zur Aufnahme der positiv evaluierten Bewerber bereitfinden müssen, noch nicht erreicht ist. Die Zurückhaltung vieler Universitäten, Wissenschaftler aus den Akademien aufzunehmen, hängt vor allem mit der als viel zu kurz kritisierten Begrenzung der für diese Wissenschaftler gewährten Bundesmittel auf zwei Jahre zusammen. Es ist daher in dem erwähnten Bericht vom 15.1.

1992 und einer Erklärung der wissenschaftlichen Kommission des Wissenschaftsrates vom 27.1. 1992 zu dem Bericht nachdrücklich gefordert worden, den Integrationsprozeß durch die Verlängerung des Programms von zwei auf fünf Jahre auszuweiten, den geförderten Personen eine adäquate Ausstattung zu geben und sicherzustellen, daß die über dieses Programm finanzierten Personen nicht auf den Stellenhaushalt der Hochschulen angerechnet werden.[213] Auch die Umsetzung der vielfach als zu allgemein kritisierten Empfehlungen des Wissenschaftsrates auf dem Gebiet der Landwirtschaftswissenschaften, die erst seit September 1991 vorliegen, trifft auf erhebliche Schwierigkeiten, da aus der Sicht der Länder der Bund nicht genügend einbezogen wird und daher die Gefahr einer Überforderung der Landeshaushalte durch den vorgesehenen hohen Anteil an Landesforschungseinrichtungen gegeben ist.[214] Weitere Probleme ergeben sich aus dem Fehlen einer genügenden Zahl qualifizierter Wissenschaftsmanager und Verwaltungsfachleute,[215] dem Mangel an Wohnraum für die aus den alten Bundesländern angeworbenen Kräfte und dem erheblichen finanziellen Bedarf zur Verbesserung der apparativen Ausstattung und zur baulichen Sanierung der Institute, für die zudem in größerem Umfang Neubauten erforderlich sind.

Nach Angaben des Bundesministeriums für Forschung und Technologie wird es gelingen, etwa zwei Drittel der Ende 1991 noch vorhandenen knapp 16000 Mitarbeiter der ehemaligen Akademie der Wissenschaften der DDR in eine neue forschungsnahe Beschäftigung zu überführen.[216] Für die Beschäftigten der ehemaligen Bauakademie und der außeruniversitären Forschungseinrichtungen im Bereich der Agrarwissenschaften können bisher noch keine entsprechenden Angaben gemacht werden.

Insgesamt wird durch die Einbeziehung der ehemaligen DDR die gerade vom Wissenschaftsrat kritisierte Tendenz zur Verlagerung der Forschung von den Universitäten zu außeruniversitären Einrichtungen noch gefördert. Weiter wird die Position des Bundes, der in den neuen Ländern zumindest vorübergehend die Finanzierung der außeruniversitären Forschung größtenteils übernehmen muß, gegenüber den Ländern gestärkt. In der außeruniversitären Forschung des Staatssektors haben die neuen im Vergleich zu den alten Bundesländern weniger Ressort-Forschung und Großforschung. Dagegen spielen die Einrichtungen der Fraunhofer-Gesellschaft, die eine Brücke zwischen Wissenschaft und Wirtschaft schlagen und insbesondere für die Auftragsforschung kleiner und mittlerer Unternehmen zur Verfügung stehen, wie vor allem die Forschungsstätten und Service-Einrichtungen der Blauen Liste, deren vorgesehene Beschäftigungszahl noch weit über die Vorschläge des Wissenschaftsrats hinausgeht, in den neuen Ländern eine sehr viel stärkere Rolle. Nach der Auffassung des Wissenschaftsrates hat durch die vielen Neugründungen in den neuen Bundesländern die Blaue Liste eine Größe erreicht, die – wie bei Instituten der Max-Planck-Gesellschaft, der Fraunhofer-Gesellschaft und bei Großforschungseinrichtungen – „eine die einzelnen Forschungseinrichtungen übergreifende Anpassung an die Entwicklung des Forschungsbedarfs ... und ein Konzept für die Neuordnung der Blauen Liste“ erforderlich macht.[217]

Die größte Schwäche von Forschung und Entwicklung in den neuen Bundesländern liegt zur Zeit darin, daß entgegen dem Trend in den alten Ländern der Bundesrepublik die Bedeutung der von der Wirtschaft selbst getragenen marktorientierten Wissenschaft in den neuen Ländern seit der „Wende“ deutlich zurückgegangen ist. Das hängt mit der mangelnden Wettbewerbsfähigkeit und der Innovationsträgheit der ehemaligen Kombinate, in denen die Forschung und Entwicklung der Wirtschaft weitgehend konzentriert war, sowie den Liquiditätsengpässen der Unternehmen zusammen, die zum weitgehenden Abbau auch der für die zukünftige Konkurrenzfähigkeit durchaus erhaltenswerten Forschungskapazitäten führen. Insgesamt wird von den ca. 86000 Personen, die in Forschung und Entwicklung der Wirtschaft (ohne Landwirtschaft) tätig waren und die etwa zwei Drittel des gesamten Personals in diesem Sektor in der DDR stellten, nur ein geringer Teil z.B. in Forschungs-GmbHs oder im Rahmen der Fraunhofer-Gesellschaft weiterbeschäftigt werden können.[218] Für die zukünftige Entwicklung wird entscheidend sein, ob die von den führenden Wirtschaftsverbänden unterstützte Forderung des Forschungsministers, daß die westdeutschen Unternehmen kurzfristig fünf Prozent ihrer Budgets für Forschung und Entwicklung in der ehemaligen DDR einsetzen,[219] realisiert wird. Für die Übergangszeit sollte zudem nach der Auffassung des Bundesforschungsministers die Treuhandanstalt bei der Sanierung und Privatisierung von Unternehmen sich besonders für die Erhaltung sinnvoller Kapazitäten in Forschung und Entwicklung der Unternehmen einsetzen.[220] Langfristig ist zur Steigerung der Leistungsfähigkeit der ostdeutschen Wirtschaft gerade die Ansiedlung und Neugründung von Unternehmen in forschungsintensiven Industrien dringend erforderlich. Die Forschungs- und Technologiepolitik des Bundes kann durch öffentlich finanzierte Forschungseinrichtungen die Infrastruktur zur Förderung einer solchen Entwicklung verbessern,[221] aber auf Dauer den notwendigen Ausbau einer modernen und effektiven marktorientierten Forschungskapazität der Wirtschaft nicht ersetzen.

Neben der Zusammenführung der Wissenschaft in den alten und den neuen Bundesländern in einem vielgestaltigen, leistungsfähigen gesamtdeutschen Hochschul- und Forschungssystem ist die Anpassung der deutschen Forschung an die mit der Errichtung des europäischen Binnenmarktes am 1.1.1993 veränderten neuen Rahmenbedingungen eine der wichtigsten Aufgaben. Dabei gilt es, die von der Europäischen Gemeinschaft verwalteten, in den letzten Jahren stark angestiegenen Mittel[222] zur Förderung der Forschung etwa in den Bereichen Neue Technologien, Informations- und Kommunikationstechnik, Biotechnologie und Umweltforschung bis hin zu geistes- und sozialwissenschaftlichen Projekten mehr und sinnvoller in Anspruch zu nehmen. Zudem sollte die in vielen Gebieten, wie zum Beispiel der Klima-, der Umwelt-, der Polar-, der Meeres-, der Raumfahrt-, der Luftfahrt- und der Fusionsforschung, schon jetzt gegebene globale oder europäische Dimension stärker in die konkreten Forschungsarbeiten der bundesdeutschen Institutionen einbezogen werden. Vor allem aber sind große Anstrengungen und neue Ideen notwendig, um die durch die bundesstaatliche

Struktur bedingte deutsche Wissenschaftsverfassung, die eine der Grundlagen für die relative Autonomie der deutschen Forschung ist, angesichts der viel stärker zentralistisch organisierten Forschung in den meisten Mitgliedsländern der Europäischen Gemeinschaft zu behaupten.

Die Großforschung hat in allen modernen Industrieländern seit dem Ende des 19. Jahrhunderts immer mehr an Bedeutung gewonnen. Als wichtigster, wenn auch keineswegs alleiniger Träger dieser spezifischen Form moderner Forschung haben sich in der Bundesrepublik in den letzten vier Jahrzehnten die ganz überwiegend vom Bund finanzierten Großforschungseinrichtungen fest etabliert. Sie sind in starkem Maße in die Programme des Bundes zur gezielten Förderung bestimmter Schwerpunkte der Forschung und Entwicklung einbezogen. Von den Staatsanstalten, die in den meisten anderen Industrieländern den Hauptteil der nicht von der Wirtschaft selbst getragenen Großforschung leisten, unterscheiden sie sich durch ihre rechtlich selbständige Organisationsform, die die Zusammenarbeit mit der Industrie und den Hochschulen erleichtern soll, eine ihre Leistungsfähigkeit beschränkende Bindung an haushalts- und personalrechtliche Vorschriften des Staates und den hierarchischen Aufbau einer Behörde umgeht und eine gewisse Autonomie der Forschung ermöglicht. Als geeignete organisatorische Träger für die Errichtung und den Betrieb von Großgeräten, für komplexe interdisziplinäre Arbeitsgebiete, für kostspielige Forschungsarbeiten in technologischen Schlüsselgebieten im Vorfeld industrieller Entwicklungen und für Forschungen zur Verbesserung der Gesundheit, des Schutzes der Umwelt und der Erschließung alternativer Energien werden die Großforschungseinrichtungen ihren Platz in der Bundesrepublik auch in Zukunft behaupten. Ihre Hauptexpansionsphase scheint allerdings abgeschlossen zu sein. So hat das Bundesministerium für Forschung und Technologie ein Einfrieren des Etats der Großforschungseinrichtungen in den alten Ländern bis 1994 gefordert, was angesichts der Inflation und der zu erwartenden Tarifabschlüsse im öffentlichen Dienst eine reale Etatkürzung von etwa 15 % und den Abbau von etwa 11 % oder ca. 1700 im Stellenplan vorgesehenen Stellen bedeuten wird. Das kann auch durch eine Erhöhung des Anteils der eingeworbenen Drittmittel kaum ausgeglichen werden.[223]

Die weitere Entwicklung der Großforschungseinrichtungen wird entscheidend davon abhängen, daß sie nach dem Auslaufen der ihnen ursprünglich gestellten Aufgaben und der zu ihrer Lösung durchgeführten Forschungsprojekte sich flexibel auf die ständig neuen Bedürfnisse in Staat, Wirtschaft und Gesellschaft einstellen. Sie werden außerdem einen sehr viel engeren Verbund mit der Forschung in den anderen außeruniversitären Institutionen, den Hochschulen und einzelnen Bereichen der Wirtschaft eingehen müssen und den Tendenzen zur internationalen Arbeitsteilung auch in der Forschung durch die Verstärkung ihrer Zusammenarbeit mit den großen Forschungsinstituten des Auslandes und durch die zumindest europäische, wenn nicht globale Orientierung ihrer Arbeit noch mehr als bisher Raum geben müssen.

Anmerkungen

1 Werner Siemens, Das naturwissenschaftliche Zeitalter, in: Tageblatt der 59. Versammlung deutscher Naturforscher und Ärzte zu Berlin vom 18.–24. September 1886, Berlin 1886, S. 92–96, hier S. 95 f. In seinen Lebenserinnerungen hat Siemens, der 1888 geadelt wurde, später seinem Schmerz darüber Ausdruck gegeben, daß er aus dem Leben scheiden müsse, ohne daß es ihm vergönnt sei, „an der vollen Entwicklung des naturwissenschaftlichen Zeitalters weiter zu arbeiten" (Werner von Siemens, Lebenserinnerungen, 14. Aufl., Berlin 1942, S. 298).

2 Vgl. Rüdiger vom Bruch, Einleitung, in: ders./Rainer A. Müller (Hg.), Formen außerstaatlicher Wissenschaftsförderung im 19. und 20. Jahrhundert. Deutschland im europäischen Vergleich, Stuttgart 1990, S. 17.

3 Vgl. dazu Jürgen Mittelstrass, Die Zukunft der Forschung. Im Wissen Weltmeister – im Bewältigen wissenserzeugter Probleme blutige Anfänger. Die Wissenskugel im All des Nichtwissens, in: Robert Gerwin (Hg.), Wie die Zukunft Wurzeln schlug. Aus der Forschung der Bundesrepublik Deutschland, Berlin etc. 1989, S. 359–363.

4 Adolf Harnack, Vom Großbetrieb der Wissenschaft, in: Preußische Jahrbücher 119, 1905, S. 193–201. Das Hauptziel des Artikels war die Rechtfertigung eines mit staatlicher Unterstützung geplanten Professorenaustausches zwischen deutschen und amerikanischen Universitäten. Adolf Harnack selbst hatte den Begriff „Großbetrieb" allerdings schon 1900 programmatisch in seiner „Geschichte der Königlich Preußischen Akademie der Wissenschaften zu Berlin" (Band I, 2, Berlin 1900, Neudruck Hildesheim/New York 1970, S. 982) benutzt.

5 Theodor Mommsen in seiner Antwort an Harnack in der öffentlichen Sitzung der Königlich Preussischen Akademie der Wissenschaften zu Berlin vom 3. Juli 1890, abgedruckt in: Sitzungsberichte der Königlich Preussischen Akademie der Wissenschaften zu Berlin, Berlin 1890, S. 792. Vgl. zum Aufkommen des Konzepts der Wissenschaft als Großbetrieb und zu den zugrundeliegenden realhistorischen Grundlagen weiter vom Bruch, Einleitung, in: ders./Müller (Hg.), Formen außerstaatlicher Wissenschaftsförderung, S. 13–15 sowie am Beispiel der Universität Heidelberg und des badischen Hochschulwesens Reinhard Riese, Die Hochschule auf dem Weg zum wissenschaftlichen Großbetrieb, Stuttgart 1977.

6 Vgl. Helmuth Trischler, Historische Wurzeln der Großforschung: Die Luftfahrtforschung vor 1945, in: Margit Szöllösi-Janze/ders. (Hg.), Großforschung in Deutschland, Frankfurt/New York 1990, S. 23 f.

7 Vom Bruch, Einleitung, S. 16.

8 Vgl. Conrad Matschoss, Preußens Gewerbeförderung und ihre großen Männer. Dargestellt im Rahmen der Geschichte des Vereins zur Förderung des Gewerbefleißes 1821–1921, Berlin 1921; zu den Technischen Hochschulen vgl. Wilhelm Lexis (Hg.), Das Unterrichtswesen im Deutschen Reich, 4 Bde. (u. ein Anhang) in 6 Tln., Bd. IV, Teil 1, Berlin 1904.

9 Vgl. dazu Gerhard A. Ritter, Sozialversicherung in Deutschland und England. Entstehung und Grundzüge im Vergleich, München 1983, bes. S. 18 ff.; ders., Der Sozialstaat. Entstehung und Entwicklung im internationalen Vergleich, 2. Aufl., München 1991, bes. S. 67 ff.

10 Ritter, Sozialversicherung, S. 72.

11 Irmela Gorges, Sozialforschung in Deutschland 1872–1914. Gesellschaftliche Einflüsse auf Themen- und Methodenwahl des Vereins für Sozialpolitik, Königstein/Ts. 1980.

12 Hans Querner/Heinrich Schipperges (Hg.), Wege der Naturforschung 1822–1972 im Spiegel der Versammlungen deutscher Naturforscher und Ärzte, Berlin 1972, S. 102; Maria Osietzki, Wissenschaftsorganisation und Restauration. Der Aufbau außeruniversitärer Forschungseinrichtungen und die Gründung des westdeutschen Staates 1945–1952, Köln/Wien 1984, S. 27.

13 Zur Entwicklung des Instituts vgl. Gerhart Rodenwaldt, Archäologisches Institut des Deutschen Reiches 1829–1929, Berlin 1929; Carl Weickert, Das Deutsche Archäologische Institut. Geschichte, Verfassung, Aufgaben, 2. Aufl. Berlin 1950; vgl. weiter die Liste der vom Deutschen Reich vor 1914 unterstützten Institute und Forschungseinrichtungen, in: Frank R. Pfetsch, Zur Entwicklung der Wissenschaftspolitik in Deutschland 1750–1914, Berlin 1974, S. 91–93.

14 Karl Griewank, Staat und Wissenschaft im Deutschen Reich. Zur Geschichte und Organisation der Wissenschaftspflege in Deutschland, Freiburg im Breisgau 1927, S. 18–20.

15 Herbert Grundmann, Monumenta Germaniae Historica 1819–1969, München 1969.

16 Griewank, Staat und Wissenschaft, S. 17 f.

17 So führte z. B. 1816 der Erlaß der Maß- und Gewichtsordnung für die preußischen Staaten zur Errichtung einer staatlichen Dauerinstitution im selben Jahr, der „Normal-Eichungs-Kommission“. Vgl. Peter Lundgreen u. a., Staatliche Forschung in Deutschland 1870–1980, Frankfurt a. M./New York 1986, S. 13.

18 Zur Gründungsgeschichte der Physikalisch-Technischen Reichsanstalt und zu ihrer weiteren Entwicklung vgl. vor allem David Cahan, An Institute for an Empire. The Physikalisch-Technische Reichsanstalt 1871–1918, Cambridge etc. 1989; J. Bortfeldt/W. Hauser/H. Rechenberg (Hg.), Forschen – Messen – Prüfen. 100 Jahre Physikalisch-Technische Reichsanstalt/Bundesanstalt 1887–1987, Weinheim 1987. Vgl. weiter Gisela Buchheim, Die Gründungsgeschichte der Physikalisch-

Technischen Reichsanstalt von 1872–1887, in: Dresdner Beiträge zur Geschichte der Technikwissenschaft, Hefte 3 u. 4, Technische Universität Dresden 1981/82; Lothar Burchardt, Der Weg zur PTR. Die Projektierung und Gründung hochschulferner physikalischer Forschungsstätten im Kaiserreich, in: Physikalische Blätter 32, 1976, S. 289–297; Pfetsch, Entwicklung, S. 109 ff.; Helmut Moser (Hg.), Forschung und Prüfung. 75 Jahre Physikalisch-Technische Bundesanstalt/Reichsanstalt, Braunschweig 1962; Lundgreen u. a., Staatliche Forschung, S. 34 ff.

19 Zitiert bei Sigfrid von Weiher, Vorgeschichte und Gründung der Physikalisch-Technischen Reichsanstalt in Berlin, in: vom Bruch/Müller (Hg.), Formen außerstaatlicher Wissenschaftsförderung, S. 53–62, bes. S. 58.

20 Vgl. Cahan, Institute, S. 2 f.

21 Vgl. Cahan, Institute, S. 145–155; Bernhard vom Brocke, Die Kaiser-Wilhelm-Gesellschaft im Kaiserreich. Vorgeschichte, Gründung und Entwicklung bis zum Ausbruch des Ersten Weltkrieges, in: Rudolf Vierhaus/Bernhard vom Brocke (Hg.), Forschung im Spannungsfeld von Politik und Gesellschaft. Geschichte und Struktur der Kaiser-Wilhelm-/Max-Planck-Gesellschaft, Stuttgart 1990, S. 91.

22 Das kaiserliche Gesundheitsamt. Rückblick auf den Ursprung sowie die Entwicklung und Thätigkeit des Amtes in den ersten zehn Jahren seines Bestehens. Zusammengestellt im kaiserlichen Gesundheitsamte, Berlin 1886; Das Reichsgesundheitsamt 1876–1926. Festschrift aus Anlaß seines 50 jährigen Bestehens, Berlin 1926; Bundesgesundheitsamt. 100 Jahre Forschung für die Gesundheit, Berlin 1976.

23 50 Jahre deutsche Pflanzenschutzforschung. Festschrift zum 50 jährigen Bestehen der Biologischen Zentralanstalt für Land- und Forstwirtschaft in Berlin-Dahlem, Berlin 1949.

24 Vgl. dazu Reimar Lüst, Der Beginn staatlicher Großforschung in Deutschland, in: Physikalisch-Technische Bundesanstalt. Mitteilungen 97, 6/87, S. 469–474, hier S. 470. Die Auffassung, daß die PTR das erste deutsche Großforschungsinstitut gewesen sei, vertritt auch Peter Weingart, Wissenschaftsplanung und Wissenschaftsbegriff (=Analysen und Berichte aus Gesellschaft und Wissenschaft, hg. vom Institut für Gesellschaft und Wissenschaft 8/1976), Erlangen 1976, S. 24.

25 Vgl. die Liste der staatlichen Forschungsanstalten außerhalb der Hochschulen 1913/14, 1926 und 1927 sowie deren Ausgaben und Einnahmen, in: Griewank, Staat und Wissenschaft, S. 107–113.

26 Zur Frühgeschichte der Industrieforschung der elektrotechnischen Industrie vor allem in Deutschland und den Vereinigten Staaten vgl. Paul Erker, Die Verwissenschaftlichung der Industrie. Zur Geschichte der Industrieforschung in den europäischen und amerikanischen Elektrokonzernen 1890–1930, in: Zeitschrift für Unternehmensgeschichte 35, 1990, S. 73–94; Leonhard S. Reich, The Making of American Industrial Research. Science and Business at General Electric & Bell, 1876–1926,

Cambridge/Mass. 1985; George Wise/Willis R. Whitney, General Electric and the Origin of United States Industrial Research, New York 1985. Zur chemischen Industrieforschung vgl. John J. Beer, Coal Tar Dye Manufacture and the Origins of the Modern Industrial Research Laboratory, in: Isis 49, 1958, S. 123–131; ders., The Emergence of the German Dye Industry, Urbana 1959; Georg Meyer-Thurow, The Industrialization of Invention: a Case Study from the German Chemical Industry, in: Isis 73, 1982, S. 363–381; David Hounshell/John K. Smith, Jr., Science and Corporate Strategy. Du Pont R & D, 1902–1980, Cambridge etc. 1988.

27 Zu dieser Unterscheidung vgl. Peter Lundgreen, Wissenschaft als öffentliche Dienstleistung. 100 Jahre staatliche Prüf- und Forschungsanstalten in Deutschland, in: Vierhaus/vom Brocke (Hg.), Forschung, S. 673; ders. u. a., Staatliche Forschung, S. 17–26, bes. S. 19.

28 Vgl. Wolfgang U. Eckart, Von der Idee eines „Reichsinstituts" zur unabhängigen Forschungsinstitution – Vorgeschichte und Gründung des Hamburger Instituts für Schiffs- und Tropenkrankheiten, 1884–1901, in: vom Bruch/Müller (Hg.), Formen außerstaatlicher Wissenschaftsförderung, S. 31–52; Timothy Lenoir, A Magic Bullet: Research for Profit and the Growth of Knowledge in Germany Around 1900, in: Minerva 26, 1988, S. 66–88, bes. S. 78 f.

29 In dem Gutachten von Wolfgang Cartellieri, Die Großforschung und der Staat. Gutachten über die zweckmäßige rechtliche und organisatorische Ausgestaltung der Institutionen für die Großforschung, 2 Teile, München 1967–69, Teil I, S. 14 wird die Großforschung dem Zwischenbereich von staatlichen Forschungsanstalten und Industrieforschung zugeordnet. M. E. gibt es jedoch auch wesentliche Berührungspunkte mit der akademischen Forschung.

30 Vgl. zur Gründungsgeschichte der Kaiser-Wilhelm-Gesellschaft Lothar Burchardt, Wissenschaftspolitik im Wilhelminischen Deutschland. Vorgeschichte, Gründung und Aufbau der Kaiser-Wilhelm-Gesellschaft zur Förderung der Wissenschaften, Göttingen 1975; Günter Wendel, Die Kaiser-Wilhelm-Gesellschaft 1911–1914. Zur ‚Anatomie' einer imperialistischen Forschungsgesellschaft, Berlin (O) 1975; vom Brocke, Die KWG im Kaiserreich, S. 17–162; die wichtigsten Dokumente zur Entstehungsgeschichte der Gesellschaft sind abgedruckt in: 50 Jahre Kaiser-Wilhelm-Gesellschaft und Max-Planck-Gesellschaft zur Förderung der Wissenschaften 1911–1961. Beiträge und Dokumente, hg. von der Generalverwaltung der Max-Planck-Gesellschaft zur Förderung der Wissenschaften e. V., Göttingen 1961.

31 Der Begriff ‚Wissenschaftspolitik' ist offenbar erst kurz nach dem Ersten Weltkrieg aufgekommen. Nach Georg Schreiber war davon erstmals 1920 in den Organen der KWG die Rede. Schreiber selbst verwendete den Begriff 1927 im Artikel „Forschungsinstitute" im ‚Herder Staatslexikon', hg. von Hermann Sacher, Bd. 2, Spalten 74–89, 5. Aufl.,

Freiburg im Breisgau 1927. Allgemeine Verbreitung fand er durch die 1927 erschienene, bereits mehrfach erwähnte Studie von Karl Griewank, Staat und Wissenschaft, S. 9; zur zentralen Rolle Althoffs in der Herausbildung der staatlichen Wissenschafts- und Forschungspolitik vgl. Arnold Sachse, Friedrich Althoff und sein Werk, Berlin 1928, sowie vor allem Bernhard vom Brocke, Hochschul- und Wissenschaftspolitik in Preußen und im Deutschen Kaiserreich 1892–1907: Das „System Althoff", in: Peter Baumgart (Hg.), Bildungspolitik in Preußen zur Zeit des Kaiserreichs, Stuttgart 1990, S. 9–118; Bernhard vom Brocke (Hg.), Wissenschaftsgeschichte und Wissenschaftspolitik im Industriezeitalter. Das ‚System Althoff' in historischer Perspektive, Hildesheim 1991.

32 Vgl. vom Brocke, Die KWG im Kaiserreich, S. 20 mit weiteren Hinweisen.

33 Vgl. die Denkschrift von Adolf von Harnack an den Kaiser vom 21.11. 1909, abgedr. in: 50 Jahre, bes. S. 82–87.

34 Vgl. dazu ‚Althoffs Pläne für Dahlem', Denkschrift für Kaiser Wilhelm II. [1909], in: Wilhelm Weischedel (Hg. in Zusammenarbeit mit Wolfgang Müller-Lauter und Michael Theunissen), Idee und Wirklichkeit einer Universität. Dokumente zur Geschichte der Friedrich-Wilhelms-Universität zu Berlin, Berlin 1960, S. 487–503. Diese Denkschrift wurde von Friedrich Schmidt auf Veranlassung des Kaisers verfaßt; vgl. weiter Michael Engel, Dahlem als Wissenschaftszentrum, in: Vierhaus/vom Brocke (Hg.), Forschung, S. 552–578, bes. S. 556–559.

35 Vgl. vom Brocke, Die KWG im Kaiserreich, S. 79.

36 Vgl. Jeffrey A. Johnson, Vom Plan einer Chemischen Reichsanstalt zum ersten Kaiser-Wilhelm-Institut: Emil Fischer, in: Vierhaus/vom Brocke (Hg.), Forschung, S. 486–515; vgl. weiter ders., The Chemical Reichsanstalt Association: Big Science in Imperial Germany, 2 Bde., Phil. Diss. Princeton, Ann Arbor Univ. Press 1980; ders., The Kaiser's Chemists: Science and Modernization in Imperial Germany, Chapel Hill 1990.

37 Abdruck der Rede in: 50 Jahre, S. 113–116. Die Rede wurde von Harnack unter Berücksichtigung eines Entwurfs von F. Schmidt in enger Zusammenarbeit mit führenden Beamten verfaßt.

38 Vom Brocke, Die KWG im Kaiserreich, bes. S. 109–119.

39 Vgl. Manfred Rasch, Vorgeschichte und Gründung des Kaiser-Wilhelm-Instituts für Kohlenforschung in Mülheim an der Ruhr, Hagen 1987; ders., Geschichte des Kaiser-Wilhelm-Instituts für Kohlenforschung 1913–1943, Weinheim 1989 sowie den Artikel zum 75. Jubiläum des Instituts ‚Eine Vernunft-Ehe wird 75', in: MPG-Spiegel vom 2. 11. 1989, S. 21–53.

40 Vgl. die Tischrede bei der Einweihung des Instituts für Kohlenforschung am 27. Juli 1914, in: Emil Fischer, Gesammelte Werke. Untersuchungen aus verschiedenen Gebieten, Berlin 1924, S. 823–826.

41 Vgl. für Großbritannien Peter Alter, Wissenschaft, Staat, Mäzene. Anfänge moderner Wissenschaftspolitik in Großbritannien 1850–1920,

Stuttgart 1982, bes. S. 212–237; zur staatlichen Unterstützung der britischen Industrieforschung als Reaktion auf den Ersten Weltkrieg vgl. Ian Varcoe, Co-operative Research Associations in British Industry, 1918–1934, in: Minerva 19, 1981, S. 433–463.

42 Vgl. Armin Hermann, ‚Auf eine höhere Stufe des Daseins erheben' – Naturwissenschaft und Technik. ‚Die Weltenergien unserer Tage', in: August Nitschke u. a. (Hg.), Jahrhundertwende. Der Aufbruch in die Moderne 1880–1930, 2 Bde., Reinbek bei Hamburg 1990, Bd. 1, S. 312–336, hier S. 330 f. Zur Entwicklung der Ammoniaksynthese in Deutschland vgl. Timothy Lenoir, Politik im Tempel der Wissenschaft. Forschung und Machtausübung im deutschen Kaiserreich, Frankfurt/New York 1992, S. 156–166.

43 Ebda., S. 332–334; Ulrich Trumpener, The Road to Ypres: The Beginnings of Gas Warfare in World War I, in: Journal of Modern History 47, 1975, S. 460–480. Zu Habers Vorstellungen von Wissenschaft und Kriegführung vgl. weiter Fritz Haber, Die Chemie im Kriege; Zur Geschichte des Gaskrieges. Beides in: Fünf Vorträge aus den Jahren 1920–23, Berlin 1924, S. 24–42 und 75–92; Lutz F. Haber, The Poisonous Cloud. Chemical Warfare in the First World War, Oxford 1986.

44 Lothar Burchardt, Die Kaiser-Wilhelm-Gesellschaft im Ersten Weltkrieg (1914–1918), in: Vierhaus/vom Brocke (Hg.), Forschung, S. 165.

45 Lothar Burchardt, Zwischen Staat und Wissenschaft. Die Kaiser-Wilhelm-Gesellschaft bis zum Ende des Ersten Weltkrieges, in: vom Bruch/Müller (Hg.), Formen außerstaatlicher Wissenschaftsförderung, S. 63–86, bes. S. 80; Fritz Stern, Fritz Haber. Politik und Wissenschaft. [Überarbeiteter Festvortrag zum 75 jährigen Bestehen des Fritz-Haber-Instituts der MPG vom 31. 10. 1986], in: ders., Der Traum vom Frieden und die Versuchung der Macht. Deutsche Geschichte im 20. Jahrhundert, Berlin 1988, S. 62–89, bes. S. 76–79; „Das Fritz-Haber-Institut: Geschichte und Gegenwart", Ms., Vortrag vom Geschäftsführenden Direktor Heinz Gerischer am 31. 10. 1986.

46 Zur Konzentration der Arbeit einiger Institute auf kriegswichtige Forschungen vgl. Burchardt, Die KWG im Ersten Weltkrieg, S. 164–168.

47 Vgl. Wolfgang Birkenfeld, Der synthetische Treibstoff 1933–45. Ein Beitrag zur nationalsozialistischen Wirtschafts- und Rüstungspolitik, Göttingen 1964; Dietmar Petzina, Autarkiepolitik im Dritten Reich. Der nationalsozialistische Vierjahresplan, Stuttgart 1968, bes. S. 36 ff.; Rolf Wagenführ, Die deutsche Industrie im Kriege 1939–1945, 2. Aufl., Berlin 1963, S. 57, 104 ff.; Douglas Todd, Synthetic Rubber in the German War Economy. A Case of Economic Dependence, in: Journal of European Economic History 10, 1981, S. 153–165; Gottfried Plumpe, Die I. G. Farbenindustrie AG. Wirtschaft, Technik und Politik 1904–1945, Berlin 1990, besonders zur Mineralöl- und Kautschuksynthese S. 243–281 und S. 339–378.

48 Vgl. Helmuth Trischler, Luft- und Raumfahrtforschung in Deutschland

1900–1970. Eine politische Wissenschaftsgeschichte, Frankfurt/New York 1992, S. 57–70; Julius C. Rotta, Die Aerodynamische Versuchsanstalt in Göttingen, ein Werk Ludwig Prandtls. Ihre Geschichte von den Anfängen bis 1925, Göttingen 1990, S. 25–50.

49 Trischler, Luft- und Raumfahrtforschung, S.68 ff., 97 ff., 120 ff.

50 Ebda., S. 70 ff.

51 Ebda., S. 80–83.

52 Ebda., S. 94 ff.

53 Das Institut, das den Namen „Fritz von Friedländer – Fuld'sches Kohlenforschungsinstitut der Kaiser-Wilhelm-Gesellschaft" erhielt, beruhte zunächst auf einem Kapital von 8 Millionen Mark, das der verstorbene schlesische Großindustrielle Fritz von Friedländer-Fuld (1848–1917) durch Testament zur Verfügung gestellt hatte. Von der Stadt Breslau erhielt das Institut, das 1922 ein eigenes Gebäude beziehen konnte, als Schenkung ein Grundstück von 5 Morgen. Erster Direktor wurde der Industriechemiker Fritz Hofmann (1866–1956), der entscheidenden Anteil an der Entwicklung des künstlichen Kautschuks hatte.

54 Burchardt, Die KWG im Ersten Weltkrieg, S. 181–187.

55 Zur finanziellen Situation der KWG in der Weimarer Republik vgl. neben Bernhard vom Brocke, Die Kaiser-Wilhelm-Gesellschaft in der Weimarer Republik. Ausbau zu einer gesamtdeutschen Forschungsorganisation (1918–1933), vor allem Peter-Christian Witt, Wissenschaftsfinanzierung zwischen Inflation und Deflation: Die Kaiser-Wilhelm-Gesellschaft 1918/19 bis 1934/35; beide Aufsätze in: Vierhaus/vom Brocke (Hg.), Forschung, S. 197–355 bzw. 579–656.

56 Vgl. Brigitte Schroeder-Gudehus, Internationale Wissenschaftsbeziehungen und auswärtige Kulturpolitik 1919–1933. Vom Boykott und Gegen-Boykott zu ihrer Wiederaufnahme, in: Vierhaus/vom Brocke (Hg.), Forschung, S. 858–885.

57 Bernhard vom Brocke, „Wissenschaft und Militarismus". Der Aufruf der 93 ‚An die Kulturwelt' und der Zusammenbruch der internationalen Gelehrtenrepublik im Ersten Weltkrieg, in: Wilamowitz nach 50 Jahren. Hg. von William M. Calder III/Hellmut Flashar/Theodor Lindken, Darmstadt 1985, S. 649–719. Dort auch Abdruck der ‚Erklärung' und des Aufrufs.

58 Auf diese Parallele macht Gerald D. Feldman, Industrie und Wissenschaft in Deutschland 1918–1933, in: Vierhaus/vom Brocke (Hg.), Forschung, S. 660, aufmerksam.

59 Die Formulierung, daß ‚der Staat' der Kunst, der Wissenschaft und ihrer Lehre ‚Schutz' gewähre und an ihrer ‚Pflege' teilnehme, steht im vierten Abschnitt über ‚Bildung und Schule' des zweiten Hauptteils der Verfassung über ‚Grundrechte und Grundpflichten der Deutschen'. Im Artikel 10, Ziffer 2 der Verfassung wird dem Reich weiter eine grundlegende Rahmengesetzgebungskompetenz für ‚das Schulwesen einschließlich des Hochschulwesens und das wissenschaftliche Büchereiwesen' gegeben.

60 Vgl. die Tabelle über die Zuschüsse der öffentlichen Hände 1924/25–1933/34, in: vom Brocke, Die KWG in der Weimarer Republik, S. 287. Zu den Ursachen für das gestiegene, vom Reichstag nachdrücklich unterstützte Engagement des Reiches in der Forschung vgl. Georg Schreiber, Deutsche Wissenschaftspolitik von Bismarck bis zum Atomwissenschaftler Otto Hahn, Köln und Opladen 1954, S. 46. Prälat G. Schreiber war als kulturpolitischer Sprecher der Zentrumspartei und Mitglied der Budgetkommission des Reichstages über 12 Jahre Etatberichterstatter für den Haushalt des Reichsinnenministeriums, aus dem die KWG und die spätere Notgemeinschaft der Deutschen Wissenschaft vor allem finanziert wurden, und damit eine Schlüsselfigur in der Kultur- und Wissenschaftspolitik der Weimarer Republik.

61 Zur Gründungsgeschichte vgl. Kurt Zierold, Forschungsförderung in drei Epochen. Deutsche Forschungsgemeinschaft. Geschichte, Arbeitsweise, Kommentar, Wiesbaden 1968, bes. S. 3–20; Thomas Nipperdey/Ludwig Schmugge, 50 Jahre Forschungsförderung in Deutschland. Ein Abriß der Geschichte der Deutschen Forschungsgemeinschaft 1920–1970, Publikation der DFG von 1970, S. 14–17, sowie die Münchner Magisterarbeit von Ulrich Marsch, Gründung und frühe Geschichte der Notgemeinschaft der Deutschen Wissenschaft 1920–25, 1990.

62 Walther Rathenau, Promemoria betreffend die Begründung einer Königlich Preußischen Gesellschaft. Überreicht am 14. März 1910, abgedruckt in: ders., Gesammelte Schriften in 5 Bänden, Bd. 4, Berlin 1918, S. 171–182. Die auf Selbstverwaltung basierende Gesellschaft sollte unter dem Protektorat des preußischen Königs stehen, sich aber auf das ganze Reich erstrecken.

63 Vom Brocke, Die KWG im Kaiserreich, S. 101 f.; ders., Die KWG in der Weimarer Republik, S. 229; zu der Stiftung und den Verflechtungen zwischen Wissenschaft und Militär vgl. Manfred Rasch, Wissenschaft und Militär: Die Kaiser Wilhelm Stiftung für kriegstechnische Wissenschaft, in: Militärgeschichtliche Mitteilungen 50, 1991, S. 73–120.

64 Denkschriften Schmidt-Otts und Habers zur Begründung ihres Antrags sind abgedruckt in: Zierold, Forschungsförderung, S. 576–586.

65 Das wird betont von Wolfgang Treue in seiner biographischen Studie über Friedrich Schmidt-Ott, in: ders./Karlfried Gründer (Hg.), Berlinische Lebensbilder. Wissenschaftspolitik in Berlin. Minister, Beamte, Ratgeber, Berlin 1987, S. 248.

66 Vgl. Gerald D. Feldman, The Politics of Wissenschaftspolitik in Weimar Germany: a Prelude to the Dilemmas of Twentieth-century Science Policy, in: Charles S. Maier (Hg.), Changing Boundaries of the Political. Essays on the Evolving Balance between the State and Society, Public and Private in Europe, Cambridge etc. 1987, S. 255–285, bes. 274–283; ders., The Private Support of Science in Germany 1900–1933, in: vom Bruch/Müller (Hg.), Formen außerstaatlicher Wissenschaftsförderung, S. 87–111, bes. S. 107–111. – Zum Verständnis der NS-Machthaber für

Forschung und Wissenschaft vgl. stellvertretend Max Planck, Mein Besuch bei Adolf Hitler, in: Physikalische Blätter, Jg. 3, 1947, S. 143.

67 Vincent C. Jones, Manhattan: The Army and the Atomic Bomb. Washington D. C. 1985, mit weiteren Literaturangaben. Die Gründe, warum Deutschland im Zweiten Weltkrieg das Rennen um den Bau einer Atombombe trotz der führenden Rolle deutscher Atomphysiker in den 1930er Jahren verlor, untersucht Mark Walker, Die Uranmaschine. Mythos und Wirklichkeit der deutschen Atombombe, Berlin 1990.

68 Susanne Klee, Neue Wege der Teilchenbeschleunigung, in: Physik in unserer Zeit, Bd. 21/3, 1990, S. 117.

69 Werner Heinzerling, Windkanäle, in: Ludwig Bölkow (Hg.), Ein Jahrhundert Flugzeuge. Geschichte und Technik des Fliegens, Düsseldorf 1990, S. 320.

70 Derek J. de Solla Price, Science Since Babylon, New Haven 1961, bes. S. 92–124; vgl. auch mit weiterführender Literatur Helmuth Trischler, Wissenschaft und Forschung aus der Perspektive des Historikers, in: Neue Politische Literatur 33, 1988, S. 393–416; vor allem S. 398.

71 Vgl. für den IG Farben Konzern, der in der Autarkie- und Rüstungspolitik der Nationalsozialisten und in der Ausbeutung der von Deutschland besetzten Länder im Zweiten Weltkrieg eine besonders herausragende Rolle spielte, neben Plumpe, I. G. Farbenindustrie AG, besonders Peter Hayes, Industry and Ideology: IG-Farben in the Nazi-Era, Cambridge 1987. Hayes macht allerdings auch deutlich, daß der NS-Staat nicht ein Werkzeug der Unternehmer war, sondern die Initiativen vom Staat kamen. Vgl. weiter Alan D. Beyerchen, Wissenschaftler unter Hitler – Physiker im Dritten Reich, Köln 1980; Rainer Brämer (Hg.), Naturwissenschaftler im NS-Staat, Marburg 1983; Armin Hermann, Wie die Wissenschaft ihre Unschuld verlor – Macht und Mißbrauch der Forschung, Stuttgart 1982; Herbert Mehrtens/Steffen Richter (Hg.), Naturwissenschaft und NS-Ideologie. Beiträge zur Wissenschaftsgeschichte des Dritten Reiches, Frankfurt/Main 1980; Peter Lundgreen (Hg.), Wissenschaft im Dritten Reich, Frankfurt/Main 1985; Steffen Harbordt (Hg.), Wissenschaft und Nationalsozialismus. Zur Stellung der Staatsrechtslehre, Staatsphilosophie, Psychologie, Naturwissenschaft und der Universität zum Nationalsozialismus, Berlin 1983; Karl-Heinz Ludwig, Technik und Ingenieure im Dritten Reich, Düsseldorf 1974; Joseph Haberer, Politics and the Community of Science, New York 1969, bes. S. 103–184.

72 Vgl. dazu Helmuth Trischler, Historische Wurzeln der Großforschung, S. 33 ff.; ders., Luft- und Raumfahrtforschung, S. 173–284.

73 Heinz Dieter Hölsken, Die V-Waffen. Entstehung – Propaganda – Kriegseinsatz, Stuttgart 1984, mit weiterführender Literatur.

74 Vgl. zu den Kontinuitäten insbesondere Thomas Stamm, Zwischen Staat und Selbstverwaltung. Die deutsche Forschung im Wiederaufbau, Köln 1981; Osietzki, Wissenschaftsorganisation; Manfred Heinemann, Der

Wiederaufbau der Kaiser-Wilhelm-Gesellschaft und die Neugründungen der Max-Planck-Gesellschaft (1945–1949), in: Vierhaus/vom Brocke (Hg.), Forschung, S. 407–470; Zierold, Forschungsförderung, S. 275 ff.

75 Stamm, Zwischen Staat und Selbstverwaltung, S. 126 ff.; Nipperdey/Schmugge, 50 Jahre Forschungsförderung, S. 72–78; Zierold, Forschungsförderung, S. 284–306.

76 Der Brief der deutschen Forscher wurde vom Vorsitzenden des Hauptausschusses des Parlamentarischen Rates Carlo Schmid verlesen. (Parlamentarischer Rat, Verhandlungen des Hauptausschusses 1948/49, 30. Sitzung, 6. 1. 1949, Stenographische Berichte, S. 362).

77 Osietzki, Wissenschaftsorganisation, S. 238–271, 327.

78 Vgl. zur Gründung und frühen Geschichte der Fraunhofer-Gesellschaft die Aufzeichnungen des langjährigen Generalsekretärs der Gesellschaft August Epp, Die ersten 25 Jahre der Fraunhofer-Gesellschaft, zwei Teile, Wörthsee-Steinebach 1984, Ms., Teil I, S. 1–12; vgl. weiter Hans-Willy Hohn/Uwe Schimank, Konflikte und Gleichgewichte im Forschungssystem. Akteurkonstellationen und Entwicklungspfade in der staatlich finanzierten außeruniversitären Forschung, Frankfurt/New York 1990, S. 181–183.

79 Epp, Die ersten 25 Jahre, Teil I, S. 12–22, 26 f., Teil II, S. 37–46; Hohn/Schimank, Konflikte und Gleichgewichte, S. 197–203, 207.

80 Hohn/Schimank, Konflikte und Gleichgewichte, S. 202.

81 Artikel 2 des „Abkommens zwischen Bund und Ländern über die Errichtung eines Wissenschaftsrates vom 5. September 1957, in der Fassung des Verwaltungsabkommens vom 27. 5. 1975", Abdruck in: Empfehlungen und Stellungnahmen des Wissenschaftsrates 1979, Köln 1980, S. 257–260.

82 Vgl. zu der in der Forschung relativ intensiv untersuchten Frühzeit der deutschen Atompolitik insbesondere Joachim Radkau, Aufstieg und Krise der deutschen Atomwirtschaft 1945–1975. Verdrängte Alternativen in der Kerntechnik und der Ursprung der nuklearen Kontroverse, Reinbek b. Hamburg 1983, S. 34–159; Herbert Kitschelt, Kernenergiepolitik. Arena eines gesellschaftlichen Konflikts, Frankfurt/New York 1980, S. 35–127; Stamm, Zwischen Staat und Selbstverwaltung, S. 155–194, 225–243; Karsten Prüß, Kernforschungspolitik in der Bundesrepublik Deutschland, Frankfurt/Main 1974, S. 16–75; Rolf-Jürgen Gleitsmann, Im Widerstreit der Meinungen: Zur Kontroverse um die Standortfindung für eine deutsche Reaktorstation (1950–1955). Ein Beitrag zur Gründungsgeschichte des Kernforschungszentrums Karlsruhe und zu einem Kapitel deutscher Kernenergiegeschichte, in: KfK-Veröffentlichung 4186 vom Dezember 1986, bes. S. 6–15; Helga Bufe/Jürgen Grumbach, Staat und Atomindustrie. Kernenergiepolitik in der BRD, Köln 1979, S. 51–132; Wolfgang D. Müller, Geschichte der Kernenergie in der Bundesrepublik Deutschland. Anfänge und Weichenstellungen, Stuttgart 1990; Michael Eckert, Die Anfänge der Atompolitik in der

Bundesrepublik Deutschland, in: Vierteljahrshefte für Zeitgeschichte 37, 1989, S. 115–143.

83 Susan Boenke, Entstehung und Entwicklung des Max-Planck-Instituts für Plasmaphysik 1955–1971, Frankfurt/New York 1991, S. 48 f.

84 Interview von Margit Szöllösi-Janze mit Alexander Hocker, dem für die Kernforschung zuständigen Referenten der DFG, der später in das Bundesatomministerium überwechselte, vom 25. 5. 1988.

85 Kitschelt, Kernenergiepolitik, S. 79.

86 Vgl. zur zentralen Bedeutung der Deutschen Atomkommission das Vorwort des Nachfolgers von Strauß als Atomminister, Siegfried Balke, zu: Deutsche Atomkommission. Geschäftsordnung, Mitgliederverzeichnis, Organisationsplan 1956, sowie Kitschelt, Kernenergiepolitik, S. 48–53.

87 Der erste in Deutschland in Betrieb genommene Forschungsreaktor, das sogenannte „Atomei" in Garching, war in den USA gekauft worden. Vgl. dazu: Michael Eckert, Das „Atomei": Der erste bundesdeutsche Forschungsreaktor als Katalysator nuklearer Interessen in Wissenschaft und Politik, in: ders./Maria Osietzki, Wissenschaft für Macht und Markt. Kernforschung und Mikroelektronik in der Bundesrepublik Deutschland, München 1989, S. 74–95.

88 Zur Gründungsgeschichte und frühen Entwicklung des Kernforschungszentrums Karlsruhe vgl. Gleitsmann, Widerstreit; Lundgreen, Staatliche Forschung, S. 138–140; zu den Hauptgebieten der Forschung bis 1981 vgl. bes.: 25 Jahre Kernforschungszentrum Karlsruhe 1956–1981, in: KfK Nachrichten 13, 1–2/81.

89 Zu Leo Brandt zuletzt am besten: Bernd-A. Rusinek, Leo Brandt (1908–1971), in: Geschichte im Westen 6, 1991, S. 74–90.

90 Vgl. zu deren Gründung und Frühgeschichte Bernd-A. Rusinek, Die Gründung der Kernforschungsanlage Jülich, in: Szöllösi-Janze/Trischler (Hg.), Großforschung, S. 38–59; Jürgen Brautmeier, Forschungspolitik in Nordrhein-Westfalen 1945–1961, Düsseldorf 1983, S. 162, 172, 175 ff.; Maria Osietzki, Idee und Wirklichkeit der Kernforschungsanlage Jülich, ihre Vor- und Gründungsgeschichte, in: Eckert/Osietzki, Wissenschaft, S. 96–114.

91 Vgl. dazu Ulrich Kirchner, Der Hochtemperaturreaktor. Konflikte, Interessen, Entscheidungen, Frankfurt/New York 1991.

92 Vgl. Status und Perspektiven der Großforschungseinrichtungen. Bericht der Bundesregierung B 151, Deutscher Bundestag, 10. Wahlperiode, Drucksache 10/1327 vom 16. 4. 1984, S. 74.

93 Vgl. zur Frühgeschichte der GKSS Radkau, Atomwirtschaft, S. 155–159 sowie Monika Renneberg, Gründung und Aufbau des GKSS-Forschungszentrums Geesthacht. Ein Beitrag zur Geschichte der Großforschungseinrichtungen in der Bundesrepublik Deutschland, Masch. Diss, Hamburg 1989; dies., Strukturbildung in den fünfziger Jahren. Die Konstituierung der GKSS zum Forschungszentrum, in: Szöllösi-Janze/Trischler (Hg.), Großforschung, S. 60–77.

94 Vgl. Burghard Weiss, Das Hahn-Meitner-Institut Berlin: Von der Landesanstalt zum Forschungsunternehmen, in: Szöllösi-Janze/Trischler (Hg.), Großforschung, S. 178–199.

95 Vgl. Claus Habfast, Großforschung mit kleinen Teilchen. Das Deutsche Elektronen-Synchrotron DESY 1956–1970, Berlin etc. 1989; Deutsches Elektronen-Synchrotron DESY, in: Die Atomwirtschaft, 9. Jg., Juli 1964, S. 293–340; Ilse Drewitz, Schwerpunkte in der Geschichte von DESY 1956–1979, hg. von DESY-PR 1982; Maria Osietzki, Physik, Industrie und Politik in der Frühgeschichte der deutschen Beschleunigerentwicklung, in: Eckert/Osietzki, Wissenschaft, S. 37–73, bes. S. 67–70.

96 Vgl. zur Gründung und Geschichte des IPP bis zu seiner Eingliederung in die Max-Planck-Gesellschaft Susan Boenke, Entstehung; dies., Das Institut für Plasmaphysik zwischen Bund, Ländern und Max-Planck-Gesellschaft, in: Szöllösi-Janze/Trischler (Hg.), Großforschung, S. 99–116; Günther Küppers, Fusionsforschung. Zur Zielorientierung im Bereich der Grundlagenforschung, in: Wolfgang van der Daele/Wolfgang Krohn/Peter Weingart (Hg.), Geplante Forschung. Vergleichende Studien über den Einfluß politischer Programme auf die Wissenschaftsentwicklung, Frankfurt/Main 1979, S. 287–327; Michael Eckert, Vom „Matterhorn" zum „Wendelstein": Internationale Anstöße zur nationalen Großforschung in der Kernfusion, in: Eckert/Osietzki, Wissenschaft, S. 115–137.

97 Burchardt, Zwischen Staat und Wissenschaft, S. 68.

98 So wurde etwa das Max-Planck-Institut für Kohlenforschung in Mülheim 1988 zu 97,5 % aus eigenen Einnahmen und nur zu 2,5 % durch Zuschüsse der MPG und der Mitglieder einer Vereinigung von Förderern der Institute finanziert. Insgesamt entfielen 1989 vom Jahresetat der MPG in Höhe von 1322 Millionen DM 1301 Millionen auf öffentliche Mittel (Max-Planck-Gesellschaft, Jahrbuch 1990, S. 78–81).

99 Vgl. Boenke, Entstehung, bes. S. 124–126.

100 Heisenberg an den Leiter des Präsidialbüros der MPG, Hans Ballreich, am 7. 1. 1964, Nachlaß Heisenberg, Korrespondenzen, MPG-Zentralbüro.

101 Zu den Versuchen der MPG in den 1960er Jahren, sich stärker in der Großforschung zu engagieren, und deren Konsequenzen für das IPP und DESY vgl. Boenke, Entstehung, bes. S. 233 ff.; Habfast, Großforschung, S. 185–200.

102 Die Ausgaben aller Großforschungseinrichtungen stiegen von 1962 bis 1970 von 233 auf 856 Millionen Mark und damit um 365 % (Hohn/Schimank, Konflikte und Gleichgewichte, S. 258 f.).

103 Renneberg, Strukturbildung, S. 77.

104 Status und Perspektiven 1984, S. 68.

105 Vgl. zu CERN jetzt die grundlegende Studie von Armin Hermann/John Kriege/Ulrike Mersits/Dominique Pestre, History of CERN, Bd. I und II, Amsterdam 1987 und 1990.

106 Seit 1965 findet die Forschungspolitik des Bundes ihren Niederschlag in dem im Abstand von mehreren Jahren dem Bundestag vorgelegten „Bundesbericht Forschung". Vgl. zur Forschungspolitik weiter Otto Keck, West German Science Policy Since the Early 1960's: Trends and Objectives, in: Research Policy, Bd. 5, 1976, S. 116–157; Manfred Langegger, Das Wissenschaftsverständnis der Bundesforschungspolitik. Seine Entwicklung in den Jahren 1962–1975, Erlangen 1978; Wolfgang Bruder (Hg.), Forschungs- und Technologiepolitik in der Bundesrepublik Deutschland, Opladen 1986.

107 Vgl. dazu Helmuth Trischler, Planungseuphorie und Forschungssteuerung in den 1960er Jahren am Beispiel der Luft- und Raumfahrtforschung, in: Szöllösi-Janze/Trischler (Hg.), Großforschung, S. 117–139, hier S. 125.

108 Vgl. Trischler, Luft- und Raumfahrtforschung, bes. S. 416 ff.; vgl. weiter zu den internationalen Zusammenhängen der Weltraumforschung Wolfgang Finke, Weltraumpolitik in der Bundesrepublik Deutschland, in: Karl Kaiser/Stefan Freiherr von Welck (Hg.), Weltraum und internationale Politik, München 1987, S. 279–298.

109 Vgl. Trischler, Luft- und Raumfahrtforschung, bes. S. 436 ff.; ders., Planungseuphorie, bes. S. 126 ff.

110 Bundesminister für Forschung und Technologie, Status und Perspektiven der Großforschungseinrichtungen im vereinigten Deutschland. Bericht des Bundesministeriums für Forschung und Technologie an den FTTA-Ausschuß des Deutschen Bundestages vom 24. 9. 1991 (124-0800-2/91), Anlage 2: Wesentliche Entwicklungen in den GFE 1981–1991, S. 3 f.

111 Unterrichtung durch die Bundesregierung. Bericht über die Umsetzung des Berichts der Bundesregierung über „Status und Perspektiven der Großforschungseinrichtungen", in: Deutscher Bundestag, 10. Wahlperiode, Drucksache 10/6225 vom 22. 10. 1986, S. 23.

112 Vgl. Josef Wiegand, Die Gründung der GMD – Mathematik oder Datenverarbeitung?, in: Szöllösi-Janze/Trischler (Hg.), Großforschung, S. 78–96.

113 Vgl. dazu Helge Majer, Die „Technologische Lücke" zwischen der Bundesrepublik Deutschland und den Vereinigten Staaten von Amerika. Eine empirische Analyse, Tübingen 1973.

114 Wiegand, Gründung, S. 94 f.

115 Vgl. zur Gründungsgeschichte und Entwicklung der später umbenannten Gesellschaft bis 1972 das noch unveröffentlichte Manuskript von Christiane Reuter-Boysen, Von der Strahlen- zur Umweltforschung. Planung, Gründung und Entwicklung der GSF 1957–1972, Ms. 1991; dies., Diversifizierung von Großforschung, in: Szöllösi-Janze/Trischler (Hg.), Großforschung, S. 161–177.

116 Vgl. zur Vorgeschichte, Gründung und Entwicklung des Krebsforschungszentrums Gustav Wagner/Andrea Mauerberger, Krebsfor-

schung in Deutschland. Vorgeschichte und Geschichte des Krebsforschungszentrums, Berlin etc. 1989.

117 Vgl. Andrea Mauerberger, Biomedizinische Großforschung im Spannungsverhältnis zur Universität. – Das Deutsche Krebsforschungszentrum (DKFZ), in: Szöllösi-Janze/Trischler (Hg.), Großforschung, S. 203–219, hier S. 219. Zu den britischen Medical Research Centers vgl. Joan Austoker/Linda Bryder (Hg.), Historical Perspectives on the Role of the MRC. Essays in the History of the Medical Research Council of the United Kingdom and its Predecessor, the Medical Research Committee, 1913–1953, Oxford etc. 1989.

118 Bundesbericht Forschung V, Bonn – Bad Godesberg 1975, bes. S. 30–33 über Forschungen zur Krebsentstehung und Krebsbehandlung.

119 Vgl. Status und Perspektiven 1984, S. 80f.; Unterrichtung durch die Bundesregierung 1986, S. 24f.; Arbeitsgemeinschaft der Großforschungseinrichtungen (Hg.), Zur thematischen Orientierung der Großforschung in den 80er und 90er Jahren, Bonn 1985, S. 23.

120 Status und Perspektiven 1991, Anlage 2, S. 2.

121 Zur Gründungskonstellation vgl. Siegfried Buchhaupt, Grundlagenforschung am Großgerät. – Kontroverse um die Organisation der Gesellschaft für Schwerionenforschung (GSI), in: Szöllösi-Janze/Trischler (Hg.), Großforschung, S. 220–232. Zu den heutigen Forschungsschwerpunkten der Gesellschaft vgl. Heinz Rudolph/Dieter Wrobel, Schwerionenforschung von Weltruf. Ein Besuch bei der GSI Darmstadt, in: Wissenschaft und Fortschritt 40, 1990, S. 267–274.

122 Status und Perspektiven 1991, Anlage 2, S. 7.

123 Vgl. Biotechnologie 2000. Programm der Bundesregierung. Hg. vom Bundesminister für Forschung und Technologie, Bonn 1990, S. 19ff., 151.

124 Vgl. Status und Perspektiven 1984, S. 64–67; Wissenschaftsrat, Empfehlungen zur Zusammenarbeit von Großforschungseinrichtungen und Hochschulen, Drucksache 24/91 vom 29. 1. 1991, S. 90–97; Status und Perspektiven 1991, Anlage 2, S. 4f.; Richard Radloff, Die Gesellschaft für biotechnologische Forschung, in: Wissenschaft und Fortschritt 41, 1991, S. 130–133. – Zur ethischen Problematik der bio- und gentechnologischen Forschung s. mit weiterführender Literatur Joachim Radkau, Hiroshima und Asilomar. Die Inszenierung des Diskurses über die Gentechnik vor dem Hintergrund der Kernenergie-Kontroverse, in: Geschichte und Gesellschaft 14, 1988, S. 329–363.

125 Wissenschaftsrat, Empfehlung zur Errichtung eines Polarforschungsinstituts vom 1. Juli 1979, in: Empfehlungen und Stellungnahmen des Wissenschaftsrats 1979, S. 17–40, hier S. 17.

126 Status und Perspektiven 1984, S. 50f.; Forschung an den Polen, in: Wissenschaft und Fortschritt 41, 1991, S. 49–51.

127 Status und Perspektiven 1991, Anlage 2, S. 1.

127a Rainer Flöhl, Deutsche Polarforschung beispielhaft, in: FAZ, 8. 4. 1992, S. N 1.

128 Dieses Argument spielte die entscheidende Rolle zur Begründung des umfangreichen Programms der Regierung zur Förderung der Datenverarbeitung. Zur generellen Diskussion der Situation der deutschen Forschung in der Mitte der 1960er Jahre vgl. weiter als besonders kennzeichnende Stellungnahmen: Stand und Rückstand der Forschung in der Bundesrepublik Deutschland in den Naturwissenschaften und Ingenieurwissenschaften. Eine Analyse der Deutschen Forschungsgemeinschaft, in: Verband der Wissenschaftler an Forschungseinrichtungen, Mitteilungen 2, 1965, 1.2. 1965, S. 17–20; Werner Heisenberg, Heutige Aufgaben und Probleme bei der Förderung wissenschaftlicher Forschung in Deutschland, in: Universitas, 19. Jg., 1964, S. 1009–1022.

129 Wolfgang Cartellieri, Die Großforschung und der Staat, in: Projektwissenschaften, Schriftenreihe des Bundesministers für wissenschaftliche Forschung, Heft 4, München 1963, S. 3–16. – Im gleichen Heft wurde ein Artikel des Leiters des Projekts „Schneller Brüter" im Kernforschungszentrum Karlsruhe, Wolf Häfele, über „Neuartige Wege naturwissenschaftlich-technischer Entwicklung" (S. 17–38) veröffentlicht, in dem für Big Science der Begriff „Projektwissenschaften" vorgeschlagen wurde, der sich aber nicht durchsetzte.

130 Cartellieri, Großforschung, S. 13 f. Aus dem Artikel selbst wird nicht ganz klar, ob diese „Gemeinnützige Trägergesellschaft" die gemeinsame Trägerorganisation für alle Großforschungseinrichtungen sein sollte oder ob sie als ein Organisationsmodell gedacht war, das anstelle von eingetragenem Verein, GmbH und Stiftung zur Rechtsform der einzelnen bestehenden Großforschungseinrichtungen werden sollte. Die erstere Interpretation, die der Kritik der Max-Planck-Gesellschaft (vgl. oben S. 74 f.) zugrunde lag, war naheliegend, da Atomminister Balke schon 1962 intern Überlegungen zur organisatorischen Zusammenfassung der Großinstitute in Karlsruhe, Jülich, Geesthacht und Garching zur Diskussion gestellt hatte. Vgl. dazu Margit Szöllösi-Janze, Geschichte der Arbeitsgemeinschaft der Großforschungseinrichtungen, 1958–1980, Frankfurt/New York 1990, S. 229.

131 Cartellieri, Die Großforschung und der Staat. Gutachten. – Zur Realisierung seines ersten Vorschlags, der Schaffung eines neuen nationalen Rechtstyps für Trägerorganisationen von Großforschungseinrichtungen, hat Cartellieri auch den Entwurf eines Forschungsförderungsgesetzes nach Art. 74, 13 des Grundgesetzes vorgeschlagen (Gutachten, 2. Teil, S. 160–168). – In der AGF-Dokumentation 1, 1983, Nr. 3, S. 14–21 wurde von Eberhard Ziegler eine Analyse des Gutachtens unter dem Titel „Die Großforschung und der Staat" vorgelegt.

132 Empfehlungen des Wissenschaftsrates zum Ausbau der wissenschaftlichen Einrichtungen, Teil III, Bd. 1, 1965, S. 43. Die Definition des Charakters der Großforschung im Gutachten Cartellieris (Teil 1, S. 54 f.) erfolgte in enger Anlehnung an die des Wissenschaftsrates. Cartellieri fügte allerdings die Forderung nach einem „industriellen Mana-

gement" hinzu. – Cartellieri hat in seinem Gutachten das besondere Mitspracherecht des Staates in der Großforschung damit gerechtfertigt, daß es sich „meist um wissenschaftliche Disziplinen handelt, die für die zukünftige staatliche Entwicklung von erheblicher Bedeutung sind" und die zudem wegen der für sie erforderlichen hohen Mittel „ein erhebliches Maß an vorausschauender Finanzplanung" erfordern. Noch intensiver sei der Anspruch des Staates auf Mitsprache in der Projektforschung innerhalb der Großforschung, da hier der Staat die Planziele „nach wissenschaftlicher Beratung und Prioritätsentscheidung" festlegt, über die etwaige Zusammenarbeit mit anderen Staaten entscheidet und auch in der Durchführung der Projekte laufend das Verhältnis von Aufwand und Erfolgsaussichten überprüft (ebda., Teil I, S. 17, 97 f.).

133 Vgl. Szöllösi-Janze, Geschichte, S. 127.

134 Zur Entwicklung des Ausschusses vgl. ebda., bes. Kap. 1–4, S. 21–77.

135 Ebda., bes. Kap. 5 und 6, S. 78–148.

136 Kommission für die Finanzreform, Gutachten über die Finanzreform in der Bundesrepublik Deutschland, Stuttgart etc. 1966, bes. S. 25, 27, 29, 35, 38.

137 Die Großforschungseinrichtungen waren insbesondere durch die Vorlage einer Mustersatzung, die dem Bund eine dominierende Stellung in den Gesellschaftsorganen gab, sowie durch neue dirigistische Bewilligungsbedingungen alarmiert (Szöllösi-Janze, Geschichte, S. 133 ff.).

138 Ebda., S. 152.

139 Abdruck der Dobeler Thesen in: AGF-Dokumentation 1, 1983, S. 22 f.

140 Der Bundesminister für Bildung und Wissenschaft, Leitlinien des Bundesministers für Bildung und Wissenschaft zu Grundsatz-, Struktur- und Organisationsfragen von rechtlich selbständigen Forschungseinrichtungen, an denen die Bundesrepublik Deutschland, vertreten durch den Bundesminister für Bildung und Wissenschaft überwiegend beteiligt ist (1. Fassung von 1970, 2. Fassung von 1971), Schriftenreihe Forschungsplanung 2 und 2 a. Die Leitlinien waren für die neun Großforschungseinrichtungen DESY, DFVLR, GKSS, KfK (damals noch GfK), GMD, GSI, GSF, KFA und das HMI vorgesehen. Die Stiftung Deutsches Krebsforschungszentrum (DKFZ), die erst 1976 den Status einer Großforschungseinrichtung erhielt, und das IPP werden nicht aufgeführt. Die Stiftung Alfred-Wegener-Institut für Polar- und Meeresforschung (AWI) sowie die Gesellschaft für Biotechnologische Forschung mbH (GBF) waren noch nicht gegründet worden. – Die zweite Fassung enthielt einige Änderungen, die vor allem aus Gesprächen mit den verschiedenen Gruppen in den Forschungseinrichtungen hervorgegangen waren.

141 Leitlinien, 2. Fassung, S. 4.

142 Finanzstatut für rechtlich selbständige Großforschungseinrichtungen, an deren Rechtsträgerschaft die öffentliche Hand überwiegend beteiligt

ist, Bonn, 6. Dezember 1971. Zur Entstehung des Finanzstatuts, das ab 1. 1. 1972 galt, vgl. Szöllösi-Janze, Geschichte, S. 169–178.

143 Ebda., S. 302 ff.

144 Vgl. „Satzung der Arbeitsgemeinschaft der Großforschungseinrichtungen (AGF)", abgedruckt in der zur Zeit gültigen Fassung in: Handbuch der Großforschung 1987/88, Bonn-Bad Godesberg 1987, S. 155–158.

145 Empfehlungen des Wissenschaftsrates zur Organisation, Planung und Förderung der Forschung, vorgelegt im April 1975, S. 180 f.

146 Vgl. dazu Robert W. Seidel, A Home for Big Science: The Atomic Energy Commission's Laboratory System, in: Historical Studies in the Physical and Biological Sciences 16/I, 1986, S. 135–175.

147 Vgl. Empfehlungen 1975, S. 188 f.

148 Vgl. die Ausführungen über die Großforschungseinrichtungen in Volker Hauff/Hans-Hilger Haunschild (Hg.), Forschung in der Bundesrepublik Deutschland, 2. Aufl., Stuttgart 1978, S. 78–179, hier S. 84.

149 Vgl. Status und Perspektiven 1984, S. 68. AGF (Hg.), Orientierung, S. 9.

150 Status und Perspektiven 1991, S. 41 und Anlage 2, S. 5 f.

151 Status und Perspektiven 1984, S. 83; vgl. weiter Christiane Reuter-Boysen, Diversifizierung von Großforschung, in: Szöllösi-Janze/Trischler (Hg.), Großforschung, S. 161–177.

152 Status und Perspektiven 1991, Anlage 2, S. 7.

153 Vgl. zur Selbstkoordinierung der Forschungseinrichtungen Szöllösi-Janze, Geschichte, bes. S. 208–223.

154 Vgl. zum Wechselspiel der forschungspolitischen Programmatik des Bundes zwischen dem Ende der 1960er Jahre und 1976 Osietzki, Wissenschaftsorganisation, in: Eckert/Osietzki (Hg.), Wissenschaft, S. 16–36, hier S. 35 f.

155 Vgl. Szöllösi-Janze, Geschichte, S. 267.

156 Möglichkeiten und Grenzen der Zusammenarbeit zwischen Großforschungseinrichtungen und der Industrie. Herausgegeben von der Arbeitsgemeinschaft der Großforschungseinrichtungen (AGF) und dem Bundesverband der Deutschen Industrie (BDI), Bonn/Köln Juni 1978. Abdruck des Berichtes, aus dem die folgenden Zitate entnommen sind, in: AGF-Dokumentation 1, 1983, S. 31–44.

157 Vgl. den Überblick über die verschiedenen Kooperationsformen in: Großforschung und Industrie. Formen der Zusammenarbeit und beteiligte Partner, in: AGF-Dokumentation 2, 1983, bes. S. 7–11. Weiter ist dort (S. 13–41) eine tabellarische Aufstellung der Industriepartner mit Kooperationsgebieten sowie eine Liste der Technologietransfer-Beauftragten der Großforschungseinrichtungen abgedruckt.

158 Vgl. Hohn/Schimank, Konflikte und Gleichgewichte, bes. S. 280.

159 Bundesverband der Deutschen Industrie, Industrie und Großforschung. Vorschläge zur zukünftigen Entwicklung der Großforschungseinrichtungen und zur Verbesserung der Kooperationsmöglichkeiten mit der Industrie, Köln 1984.

160 Die Unternehmen, die das Angebot externer Forschungs- und Entwicklungseinrichtungen nutzen, machen nach dieser Umfrage 30 % aller Unternehmen, die Forschung und Entwicklung durchführen, aus: H. Schmalholz/L. Scholz unter Mitarbeit von H. Maier, Innovationsdynamik der deutschen Industrie in den achtziger Jahren, in: ifo-schnelldienst, Jg. 40, 1–2/87, S. 20–28, bes. S. 27 f. In dem Artikel wird ausgeführt, es sei „auffallend ..., daß das Know-how-Potential der Großforschungseinrichtungen nur von wenigen Unternehmen genutzt wird. Grundsätzlich sollte darum – über die bereits ergriffenen Maßnahmen hinaus – angestrebt werden, die staatlich finanzierten oder unterstützten Forschungseinrichtungen in den Know-how- und Technologietransfer zwischen Wissenschaft und Industrie auf noch breiterer Basis einzubinden." Nach dem Bericht des BMFT über „Status und Perspektiven" von 1991 bezogen sich von 1345 Fällen im Rahmen des BMFT-Programms zur Förderung der Forschungskooperation zwischen Wissenschaft und Wirtschaft nur 57 auf Großforschungseinrichtungen, dagegen 998 auf Hochschulen und 148 auf Institute der Fraunhofer-Gesellschaft (S. 5). Vgl. weiter den geringen Anteil der Wirtschaft an der Gesamtfinanzierung der Großforschungseinrichtungen (ebda., Anlage 6).

161 Vgl.Debatte im Deutschen Bundestag am 26. 1. 1984, Verhandlungen des Deutschen Bundestags, 10. Wahlperiode, und Beschlußempfehlung und Bericht des Ausschusses des Bundestags für Forschung und Technologie vom 26. 10. 1983, Drucksache 10/539.

162 Status und Perspektiven 1984, S. 41; AGF (Hg.), Orientierung, bes. S. 7, 29 ff.

163 Vgl. Wissenschaft, Wirtschaft, Politik, 14. Jg., Nr. 48 vom 28. 11. 1984, S. 7.

164 Vgl. Status und Perspektiven 1991, bes. S. 34. Zur deutlichen Reserve gegenüber der Funktion der Großforschungseinrichtungen bei der Technologieentwicklung vgl. weiter ebda., S. 5 f., 28 f., 33 f., 41, 46, Anlage 9: Forschungspolitische Grundsätze zur Konzentration der GFE-Aufgaben in der zukünftigen gesamtdeutschen Forschungslandschaft vom 17. 6. 1991, bes. S. 3 f.

165 Unterrichtung durch die Bundesregierung 1986, S. 4.

166 Status und Perspektiven 1984, S. 6, 30.

167 Unterrichtung durch die Bundesregierung 1986, S. 4.

168 Status und Perspektiven 1991, bes. S. 28–34. Für die Verschiebung der Schwerpunkte in den letzten 10–15 Jahren vgl. Anhang, Tabelle 5 und Schaubilder 1 und 2.

169 Vgl. die von der Fraunhofer-Gesellschaft mit einem Vorwort des Ministers für Bildung und Wissenschaft veröffentlichten „Empfehlungen der Kommission des Bundesministeriums für Bildung und Wissenschaft zur Förderung des Ausbaus der Fraunhofer-Gesellschaft", abgeschlossen April 1970, München 1971. Der Bericht der Kommission enthält

auch die Empfehlungen des Wissenschaftsrates von 1965 und den Vermerk seiner Geschäftsstelle vom 28. 4. 1967.

170 Epp, Die ersten 25 Jahre, Teil I, bes. S. 35 f., 39 f., 66 f., Teil II, S. 47–60.

171 Ebda., Teil II, S. 11.

172 Forschungsbericht (IV) der Bundesregierung, Bonn 1972, S. 126.

173 Epp, Die ersten 25 Jahre, Teil I, S. 70, Teil II, S. 43. Der Anteil der Vertragsforschung stieg in der Fraunhofer-Gesellschaft von 50 % 1974 auf fast 70 % ihres Gesamtetats 1984. Parallel dazu stieg der Umsatz der Gesellschaft von 112 Millionen 1975 auf 512 Millionen 1986 (Hohn/Schimank, Konflikte und Gleichgewichte, S. 174, 230).

174 Empfehlungen der Kommission, S. 33 f.

175 Vgl. Wissenschaftsrat, Empfehlungen des Wissenschaftsrates zu den Perspektiven der Hochschulen in den 90er Jahren, Köln 1988, S. 57–62. Die Ausgaben für die Grundfinanzierung stiegen von 1982–1991 von 94,3 auf 180,3 Millionen, die für Projektfinanzierung zwischen 1982 und 1990 von 52,6 auf 139,1 Millionen (vgl. Status und Perspektiven 1991, Anlage 12).

176 Der Bundesminister für Forschung und Technologie, Faktenbericht 1990 zum Bundesbericht Forschung 1988, Bonn 1990, S. 271.

177 Vgl. „Zur Zusammenarbeit zwischen Hochschulen und Großforschungseinrichtungen". Gemeinsame Informationen und Empfehlungen der Arbeitsgemeinschaft der Großforschungseinrichtungen (AGF) und der Westdeutschen Rektorenkonferenz (WRK), Bonn-Bad Godesberg, April/Mai 1980 (Auszug), Abdruck in: AGF-Dokumentation 1, 1983, S. 45–49.

178 Empfehlungen zu den Perspektiven der Hochschulen in den 90er Jahren, 1988.

179 Vgl. die hier auf das Basisjahr 1975 (statt 1979) bezogenen Angaben in „Perspektiven der Hochschulen", S. 52–62, hier S. 55.

180 Ebda., S. 33 f.

181 Ebda., S. 70 f.

182 Empfehlungen zur Zusammenarbeit von Großforschungseinrichtungen und Hochschulen 1991, S. 72–140.

183 Ebda., S. 52.

184 Ebda., S. 143 f.

185 Ebda., S. 95 f., 114–116, 138.

186 Ebda., S. 116.

187 Faktenbericht 1990 zum Bundesbericht Forschung 1988, S. 22–25.

188 Perspektiven der Hochschulen, S. 58–60.

189 Vgl. Anhang, Tabelle 2 und 3. – Die Ausgaben der Wirtschaft waren allerdings auf einige besonders forschungsintensive Bereiche konzentriert. So entfielen 1987 auf den Stahl-, Maschinen- und Fahrzeugbau 36 %, auf Elektrotechnik, Feinmechanik und Optik 31 % und auf die chemische Industrie 21 %, zusammen also 88 % der Gesamtaufwendungen der Wirtschaft für Forschung und Entwicklung (Faktenbericht 1990, S. 48).

190 In den Bruttoinlandsausgaben für Forschung und Entwicklung je Einwohner (Faktenbericht 1990, S. 73) lag die Bundesrepublik allerdings mit 380 US-Dollar knapp vor Japan (378 $) und noch weit hinter den Vereinigten Staaten (533 $).

191 Vgl. dazu die Ansprache des neugewählten Präsidenten der Max-Planck-Gesellschaft Hans F. Zacher vom 22. 6. 1990: Herausforderungen an die Forschung, in: Max-Planck-Gesellschaft, Jahrbuch 1990, Göttingen 1990, S. 28–35, hier S. 32.

192 Zur Entstehung der Ostberliner „Akademie der Wissenschaften der DDR" und zu ihrer Struktur 1988 vgl. Osietzki, Wissenschaftsorganisation, S. 190–196; Conrad Grau, Berühmte Wissenschaftsakademien: Von ihrem Entstehen und ihrem weltweiten Erfolg, Thun/Frankfurt am Main 1988, S. 299 f.; Werner Hartkopf, Die Akademie der Wissenschaften der DDR. Ein Beitrag zu ihrer Geschichte, Berlin (Ost) 1975; Rudolf Landrock, Die Deutsche Akademie der Wissenschaften zu Berlin 1945–1971. Ihre Umwandlung zur sozialistischen Forschungsakademie, Bd. 1–3, in: Analysen und Berichte aus Gesellschaft und Wissenschaft, hg. vom Institut für Gesellschaft und Wissenschaft, Nr. 4, Erlangen 1977; DDR-Handbuch, hg. vom Bundesministerium für innerdeutsche Beziehungen, Wissenschaftliche Leitung: Hartmut Zimmermann unter Mitarbeit von Horst Ulrich und Michael Fehlauer, 3. Aufl., Köln 1984, S. 31–33; Deutsche Demokratische Republik, Handbuch, Leipzig 1979, S. 541–546.

193 Jahresbericht 1989 der Akademie der Wissenschaften der DDR, Teil 1: Jahresforschungsbericht, Manuskript, S. 2.

194 Ebda., S. 2 f.

195 Vgl. Eckart Förtsch, Wissenschafts- und Forschungspolitik, in: Wissenschaften in der DDR. Berichte und Analysen. Zweites Halbjahr 1985. Hg. vom Institut für Gesellschaft und Wissenschaft an der Universität Erlangen, 1986, S. 26–43; ders., Wissenschafts- und Forschungspolitik der SED: „Schneller, besser, mehr und vor allem effektiver", in: Der 11. Parteitag der SED. Gesellschafts- und wissenschaftspolitische Aspekte. Hg. vom Institut für Gesellschaft und Wissenschaft an der Universität Erlangen, 1986, S. 53–73.

196 Ansprache des scheidenden Präsidenten Heinz A. Staab bei der Festversammlung der Max-Planck-Gesellschaft am 22. Juni 1990 in Lübeck: Die Max-Planck-Gesellschaft in einem sich ändernden politischen Umfeld – Rückblick auf die Jahre 1984 bis 1990, in: MPG-Jahrbuch 1990, S. 15–27, hier S. 24. – Nach dem Jahresforschungsbericht der Akademie (S. 4) kamen 447,8 Mio. der 877,5 Mio. Einnahmen der Akademie – also mehr als die Hälfte – aus der Forschungskooperation mit Kombinaten und Betrieben der Wirtschaft. Die Gesamtausgaben der Akademie betrugen 1379,7 Mio.; die Differenzen zwischen Einnahmen und Ausgaben wurden aus dem Staatshaushalt finanziert.

197 Jahresforschungsbericht 1989, S. 3 f.

198 Gesetz zu dem Vertrag vom 31. August 1990 zwischen der Bundesrepublik Deutschland und der Deutschen Demokratischen Republik über die Herstellung der Einheit Deutschlands – Einigungsvertrag – und der Vereinbarung vom 18. September 1990, in: Bundesgesetzblatt, Teil II, Z. 1998 A. Ausgegeben zu Bonn am 28. September 1990, Nr. 35, S. 885–1248, hier S. 902 f.

199 Wissenschaftsrat, Stellungnahme zu den außeruniversitären Forschungseinrichtungen in den neuen Ländern und in Berlin, Allgemeiner Teil, Drucksache 320/91 vom 5. 7. 1991, S. 6.

200 Inzwischen liegt auch die „Stellungnahme [des Wissenschaftsrates] zu den außeruniversitären Forschungseinrichtungen auf dem Gebiet der ehemaligen DDR im Bereich Agrarwissenschaften", Drucksache 396–399/91 vom 27. 9. 1991 vor. Sie bezieht sich auf 47 eigenständige Einrichtungen mit 1989 etwa 10 000 Mitarbeitern, davon 4000 Wissenschaftler. In den folgenden Zahlen über die Empfehlungen des Wissenschaftsrates zur teilweisen Übernahme des bisherigen Personals sind die außeruniversitären Forschungseinrichtungen der Agrarwissenschaften nicht berücksichtigt worden.

201 Wissenschaftsrat, Stellungnahme, Allgemeiner Teil, S. 22 f. Für die folgenden Zahlen über die Übernahme von Wissenschaftlern durch die verschiedenen Institutionen, vgl. ebda., S. 26–33 sowie Anhang 2: Übersicht über die künftige Struktur der institutionellen Forschungsförderung nach Sektoren außeruniversitärer Förderung, S. 49–53; vgl. weiter den vom Bundesministerium für Forschung und Technologie nach Abstimmung mit dem Bundesminister für Arbeit und Sozialordnung am 16. 4. 1991 vorgelegten „Wegweiser für Arbeitsbeschaffungsmaßnahmen (ABM) im FuE-Bereich der neuen Bundesländer", 16. 4. 1991.

202 Nach dem Faktenbericht 1990 zum Bundesbericht Forschung 1988 bestanden in den alten Bundesländern 35 Forschungs- und Serviceeinrichtungen der „Blauen Liste".

203 Status und Perspektiven 1991, S. 6. Nach einem Artikel von Albrecht Hoffmann, Fraunhofer-Gesellschaft expandiert, in: Süddeutsche Zeitung 31. 10./1. 11. 1991, S. 55, wurden von der Gesellschaft Ausgaben in Höhe von 500 Millionen Mark für erforderlich gehalten, um die Produktionstechnik wie auch die Ausstattung der Forschungslabors von übernommenen Forschungseinrichtungen der ehemaligen Akademie der Wissenschaften dem Westniveau anzugleichen. 90 % der Mittel sollen dabei vom Bund, 10 % von einzelnen Bundesländern aufgebracht werden.

204 Vgl. Wissenschaftsrat, Stellungnahme zu den außeruniversitären Forschungseinrichtungen der ehemaligen Akademie der DDR auf dem Gebiet der Geisteswissenschaften, Drucksache 334/91 vom 5. 7. 1991, S. 67–120.

205 Wissenschaftsrat, Stellungnahme, Allgemeiner Teil, S. 30; Status und Perspektiven 1991, S. 12. Allerdings soll daneben eine nicht spezifizierte

weitere Zahl von Stellen für Drittmittelpersonal, Auszubildende, Doktoranden, Gastforscher etc. in den neuen Bundesländern für die Großforschungseinrichtungen geschaffen werden.

206 Bericht des Bundes und der neuen Länder sowie des Landes Berlin zur Umsetzung der Empfehlungen des Wissenschaftsrats gem. Art. 38 des Einigungsvertrages (EV) vom 15.1. 1992, Manuskript. Die folgenden Zahlenangaben beruhen auf diesem Bericht.

207 Vgl. Status und Perspektiven 1991, S. 14f., 21–26 über die bereits realisierten bzw. geplanten Aktivitäten der Großforschungseinrichtungen in den neuen Bundesländern.

208 Ebda., S. 13, 16–18.

209 Ebda., S. 13, 18f.

210 Ebda., S. 14, 19–21.

211 Dafür wurde eine Arbeitsgruppe geschaffen, vgl. Manfred Ronzheimer, Für europäische Umweltforschung, in: Der Tagesspiegel, 3.9. 1991. Schon in seinen „Empfehlungen zur Zusammenarbeit von Großforschungseinrichtungen und Hochschulen" vom 29. 1. 1991 hatte der Wissenschaftsrat seine Absicht, „Empfehlungen zur Neustrukturierung der Umweltforschung zu erarbeiten", angekündigt (S. 115).

211 a Vgl. Manfred Ronzheimer, Ausgaben für den Osten ‚draufgesattelt', in: Der Tagesspiegel, 25. 3. 1992, S. 26.

212 Bericht vom 15. 1. 92, S. 7f.

213 Ebda., S. 25; Pressemitteilung des Wissenschaftsrates 2/92 vom 27. Januar 1992: Sieben Forderungen für die Neuordnung der Hochschul- und Forschungslandschaft. Erklärung der Wissenschaftlichen Kommission zur Umsetzung der Empfehlungen des Wissenschaftsrates durch Bund und Länder, bes. S. 2f.

214 Bericht vom 15. 1. 92, S. 15.

215 Vgl. dazu Bericht vom 15. 1. 92, S. 12f.; vgl. weiter: Bundesministerium für Forschung und Technologie, Forschung und technologische Entwicklung in den neuen Bundesländern. Bericht an den FTTA-Ausschuß des Deutschen Bundestages vom 29. 11. 1991, S. 5.

216 Bericht an den FTTA-Ausschuß vom 29. 11. 91, S. 6.

217 Bericht vom 15. 1. 92, S. 29.

218 Vgl. Der Bundesminister für Forschung und Technologie, Bericht an den Ausschuß für Forschung, Technologie und Technologiefolgenabschätzung des Deutschen Bundestages zur Vereinigungspolitik im Bereich von Forschung und Technologie, 8. 4. 1991, bes. S. 27–37.

219 Ebda., S. 27f.

220 Bericht an den FTTA-Ausschuß vom 29. 11. 91, S. 14f.

221 Vgl. dazu auch Wissenschaftsrat, Stellungnahme, Allgemeiner Teil, S. 35.

222 So sind die für die Forschungsförderung bestimmten Mittel im Haushalt der Europäischen Gemeinschaft allein von 1987 bis 1991 von 1,3 auf ca. 3,1 Milliarden Mark im Jahr angestiegen und dürften weiter zunehmen. Die deutschen Großforschungseinrichtungen wurden aus

EG-Mitteln in den letzten drei Jahren nur mit jeweils ca. 80 Millionen gefördert, von denen etwa 75 % an die über Assoziationsverträge finanzierte Kernfusionsforschung gingen (Status und Perspektiven 1991, S. 47).

223 Dabei wird von einer Personalkostensteigerung durch Tarifverträge von 5 % für 1992 und jeweils 3 % für 1993 und 1994 ausgegangen. Bei einer darüber hinausgehenden Tarifsteigerung sollen für 1993 und 1994 zusätzliche Haushaltsmittel gewährt werden. Vgl. dazu sowie zur Umsetzung dieser generellen Kürzungsmaßnahmen in den einzelnen, von den Einsparungen sehr unterschiedlich betroffenen Großforschungseinrichtungen in den alten Bundesländern Status und Perspektiven 1991, S. 29–45.

Tabellen und Schaubilder

Tabelle 1: Ausgaben für Forschung und Entwicklung (FuE) der Bundesrepublik Deutschland nach durchführenden Sektoren und deren Finanzierung (Gesamtbudget Forschung) – in Mio. DM

Jahr[1]	FuE-Ausgaben insgesamt	Wirtschaft[2]					Staat[3]			
		Ausgaben insgesamt	finanziert durch Staat	Wirtschaft	Priv. inl. Inst.	Ausland	Ausgaben insgesamt	finanziert durch Staat	Wirtschaft u. Private inl. Inst.	Ausland
1962	4490	2450	340	2110	–	–	240	220	20	–
1963	5380	3030	400	2620	10	–	330	310	20	–
1965	7910	4570	560	3970	30	10	430	400	30	–
1967	9740	5650	986	4617	17	30	530	500	30	–
1969	12250	7320	1040	6222	28	30	660	630	30	–
1971	18000	10700	1950	8464	36	250	890	870	20	–
1973	20460	12020	2340	9448	15	217	1040	1020	20	–
1975	24645	14930	2862	11592	12	464	1235	1215	20	–
1977	27735	17360	2890	13849	15	606	1300	1260	40	–
1979[5]	34477	23341	4430	18349	48	514	1578	1508	38	31
1981	39345	26610	4835	21407	58	311	1709	1565	129	15
1983	43942	30462	5255	24702	81	424	1756	1692	47	17
1985	52280[6]	36638	5971	30108	55	504	1884	1810	53	21
1987	59501	41715	5285	35739	62	629	2055	1941	85	29
1989	66700	47325	5350	41100	75	800	2240	2070	135	35

Quelle: Faktenbericht 1990 zum Bundesbericht Forschung 1988, S. 340/1.

[1] Teilweise geschätzt, bis 1987 auf Ist-Basis.

[2] Unternehmen sowie Institutionen der industriellen Gemeinschaftsforschung und -entwicklung. Daten ab 1979 mit den Vorjahren nur bedingt vergleichbar, da ein erweiterter Bereich kleiner und mittlerer Unternehmen erfaßt wird. Datenbasis: Interne FuE-Ausgaben der Wirtschaft aus Erhebungen der SV-Wissenschaftsstatistik GmbH (SV = Stifterverband für die Deutsche Wissenschaft, Essen) einschließlich der dort nicht vollständig nachgewiesenen FuE-Ausgaben des Staates an den Wirtschaftssektor.

[3] Bundes-, landes-und gemeindeeigene Einrichtungen einschließlich wissenschaftlicher Museen, Bibliotheken und Archive. Forschungseinrichtungen des Bundes ab 1979, der Länder ab 1983 nur mit FuE-Anteilen.

Priv. inl. Inst. ohne Erwerbszweck[4]				Hochschulen			Ausland		
Ausgaben	finanziert durch			Ausgaben	finanziert durch		Ausgaben	finanziert durch	
insges.	Staat	Wirtschaft u. Priv. inl. Inst.	Ausland	insges.	Staat	Wirtschaft	insges.	Staat	Wirtschaft
700	638	62	–	910	900	10	190	180	10
750	677	73	–	1000	990	10	270	250	20
1000	916	84	–	1450	1430	20	460	440	20
1270	1160	110	–	1710	1610	100	580	540	40
1310	1154	156	–	2250	2200	50	710	650	60
2120	1760	360	–	3500	3450	50	790	670	120
2480	2190	287	3	4270	4200	70	650	600	50
2955	2573	338	44	4590	4505	85	935	880	55
3115	2704	311	100	5065	4961	104	895	785	110
3465	3310	87	68	5154	5044	110	939	816	123
4085	3745	303	37	5874	5759	115	1066	841	225
4237	4077	119	41	6256	5907	349	1230	912	318
4996	4790	147	59	7289[6]	6895	394	1472	1007	465
5659	5348	231	80	8339	7814	525	1733	1306	427
6165	5720	330	115	9090	8410	680	1880	1450	430

[4] Insbesondere vom Staat überwiegend finanzierte wissenschaftliche Einrichtungen (z.B. Großforschungseinrichtungen, Institute der Max-Planck-Gesellschaft und der Fraunhofer Gesellschaft) sowie sonstige Einrichtungen ohne Erwerbszweck.

[5] Die Zahlen in den Jahren 1979 und 1981 in den folgenden Tabellen 2 und 3 weichen zum Teil von dieser Tabelle ab. Die Abweichungen sind auf die verschiedenen Quellen, die benutzt worden sind, zurückzuführen. Auch innerhalb eines Faktenberichts (z. B. dem von 1990) differieren die Zahlen in einigen Fällen.

[6] Im Hochschulsektor wurde mit der Erhebung 1987 ein neues Berechnungsverfahren für Forschung und Entwicklung eingeführt; die Daten von 1985 wurden zu Vergleichszwecken entsprechend revidiert, so daß sie von Angaben früherer Veröffentlichungen abweichen.

Tabelle 2: Gesamtbudget Forschung der Bundesrepublik Deutschland – Ausgaben für Forschung und Entwicklung (FuE) der Bundesrepublik Deutschland nach durchführenden Sektoren

Durchführende Sektoren[1]		1975	1977	1979	1981	1983	1985	1987	1989
I.	Hochschulen[2] – Mio. DM	4590	5065	5800	6400[3]	6256	7289	8339	9090
	Index 1981=100	71.7	79.1	90.6	100	97.8	113.9	130.3	142.0
	in % der FuE-Gesamtausgaben	18.6	18.3	16.0	16.1	14.2	13.9	14.0	13.6
II.	Staat und private Institutionen ohne Erwerbszweck[4] – Mio. DM	4190	4415	5518	5794	5993	6880	7714	8405
	Index 1981=100	72.3	76.2	95.2	100	103.4	118.7	133.1	145.1
	in % der FuE-Gesamtausgaben	17.0	15.9	15.3	14.5	13.6	13.2	13.0	12.6
III.	Wirtschaft – Mio. DM	14930	17360	23880	26610	30462	36638	41715	47325
	Index 1981=100	56.1	65.2	89.7	100	114.5	137.7	156.8	177.8
	in % der FuE-Gesamtausgaben	60.6	62.6	66.1	66.7	69.3	70.1	70.1	71.0
I.–III.	FuE-Ausgaben für im Inland durchgeführte FuE insg. – Mio. DM	23710	26840	35198	38804	42711	50807	57768	64820
	Index 1981=100	61.1	69.2	90.7	100	110.1	130.9	148.9	167.0
	in % FuE-Gesamtausgaben	96.2	96.8	97.4	97.3	97.2	97.2	97.1	97.2
IV.	Ausland – Mio. DM	935	895	942	1066	1230	1472	1733	1880
	Index 1981=100	87.7	84.0	88.4	100	115.4	138.1	162.6	176.4
	in % der FuE-Gesamtausgaben	3.8	3.2	2.6	2.7	2.8	2.8	2.9	2.8
I.–IV.	FuE-Gesamtausgaben – Mio. DM	24645	27735	36140	39870	43941	52279	59501	66700
	Index 1981=100	61.8	69.6	90.6	100	110.2	131.1	149.2	167.3

Quelle: Zum Teil errechnet aus: Faktenbericht 1990 zum Bundesbericht Forschung 1988, S. 22, Bundesbericht Forschung 1988, S. 62, Faktenbericht 1986 zum Bundesbericht Forschung, S. 15, Bundesbericht Forschung 1984, S. 76, Faktenbericht 1981 zum Bundesbericht Forschung, S. 13, Faktenbericht 1977 zum Bundesbericht Forschung, S. 7.

[1] Teilweise geschätzt, bis 1987 auf Ist-Basis.

[2] Im Hochschulsektor wurde mit der Erhebung 1987 ein neues Berechnungsverfahren für Forschung und Entwicklung eingeführt; die Daten für 1981 und 1985 wurden hier entsprechend revidiert, so daß sie von den Angaben in früheren Veröffentlichungen abweichen.

[3] Revidiert (vorläufig).

[4] Forschungseinrichtungen des Bundes ab 1981 nur mit FuE-Anteilen, Forschungseinrichtungen der Länder ab 1983 nur mit FuE-Anteilen.

Tabelle 3: Gesamtbudget Forschung der Bundesrepublik Deutschland – Ausgaben für Forschung und Entwicklung (FuE) der Bundesrepublik Deutschland nach finanzierenden Sektoren

Finanzierende Sektoren[1]		1975	1977	1979	1981	1983	1985	1987	1989
I.	Bund[2] – Millionen DM	7538	7731	10026	10363	11381	12767	13255	13900
	Index 1981=100	72.7	74.6	96.7	100	110	123.2	126.8	134.1
	in % der FuE-Gesamtausgaben	30.6	27.9	27.7	26.0	25.9	24.4	22.3	20.8
II.	Länder[3] – Millionen DM	4497	4869	5914	6900	6463	7706	8550	9100
	Index 1981=100	65.2	70.6	85.7	100	93.7	111.7	123.9	131.9
	in % der FuE-Gesamtausgaben	18.2	17.6	16.4	17.3	14.7	14.7	14.3	13.7
III.	Wirtschaft[4] – Millionen DM	11792	14109	19250	22082	25459	31090	36831	42360
	Index 1981=100	53.4	63.9	87.2	100	115.3	140.8	166.8	191.8
	in % der FuE-Gesamtausgaben	47.8	50.9	53.3	55.4	57.9	59.5	61.8	63.5
IV.	PNP-Sektor[5] – Mio. DM	818[6]	1026[6]	340	155	157	133	238	390
	Index 1981=100	527.7	661.9	219.3	100	101.3	85.8	153.5	251.6
	in % der FuE-Gesamtausgaben	3.3[6]	3.7[6]	0.9	0.4	0.4	0.3	0.4	0.6
V.	Ausland – Millionen DM	–	–	610	363	482	584	738	950
	Index 1981=100			168	100	132.8	160.9	203.3	261.7
	in % der FuE-Gesamtausgaben	–	–	1.7	0.9	1.1	1.1	1.2	1.4
I.–V.	FuE-Gesamtausgaben – Mio. DM	24645	27735	36140	39863	43942	52280	59501	66700
	Index 1981=100	61.8	69.6	90.7	100	110.2	131.1	149.3	167.3

Quelle: Zum Teil errechnet aus: Faktenbericht 1990 zum Bundesbericht Forschung 1988, S. 20, Bundesbericht Forschung 1988, S. 60, Faktenbericht Forschung 1986 zum Bundesbericht Forschung, S. 12, Bundesbericht Forschung 1984, S. 70, Faktenbericht 1981 zum Bundesbericht Forschung, S. 11, Bundesbericht Forschung 1979, S. 71.

1 Bis 1987 auf Ist-Basis, danach teilweise geschätzt.

2 Forschungseinrichtungen des Bundes ab 1981 nur mit FuE-Anteilen.

3 Länder einschließlich Gemeinden. Forschungseinrichtungen der Länder ab 1983 nur mit FuE-Anteilen. Im Hochschulsektor wurde mit der Erhebung 1987 ein neues Berechnungsverfahren für Forschung und Entwicklung (mit Wirkung auf die FuE-Ausgaben der Länder) eingeführt; die Daten früherer Jahre wurden hier für die Jahre 1981 und 1985 entsprechend revidiert, so daß die FuE-Ausgaben der Länder von denen früherer Veröffentlichungen abweichen.

4 1979 einschließlich eines Kreises kleiner und mittlerer Unternehmen.

5 Private wissenschaftliche Institutionen ohne Erwerbszweck, die weder überwiegend vom Staat noch überwiegend von der Wirtschaft finanziert werden (teilweise geschätzt).

6 Inkl. Ausland.

Tabelle 4: Bruttoinlandsausgaben für Forschung und Entwicklung in ausgewählten Staaten[1]

Jahr	D	F	GB[2]	I	NL	Japan[3]	USA	Kanada
1969	2.0	1.9	2.3	0.8	–	1.5	2.8	1.1
1971	2.1	1.9	2.3	0.9	–	1.6	2.6	1.2
1973	2.0	1.9	2.1	0.9	–	1.9	2.4	1.1
1975	2.1	1.8	2.1	0.9	2.1	1.7	2.3	1.0
1977	2.2	1.8	–[4]	0.9	1.9	2.0	2.4	1.1
1979	2.4	1.8	–	0.9	1.9	2.1	2.4	1.1
1981	2.4	2.0[5]	2.4	0.9	2.0[5]	2.3	2.5	1.2
1982	2.6[6]	2.1	–	1.0	2.0[5]	2.5	2.7	1.4
1983	2.5	2.0	2.3	1.1	2.0	2.6	2.6	1.4
1985	2.7	2.3	2.3	1.1	2.1	2.8	2.9	1.4
1987	2.9[5]	2.3	2.3	1.2	2.3	2.9	2.9	1.4
1988[7]	2.8	2.3	–	1.3	–	–	2.9	1.3
1989[7]	2.9	2.3	–	1.3	–	–	2.8	1.3

Quelle: Zusammengestellt aus: Faktenbericht 1990 zum Bundesbericht Forschung 1988, S. 71, Bundesbericht Forschung 1988, S. 107, Faktenbericht 1986 zum Bundesbericht Forschung, S. 73, Bundesbericht Forschung 1984, S. 121, Faktenbericht 1981 zum Bundesbericht Forschung, S. 52, Bundesbericht Forschung VI (1979), S. 32.

[1] Angaben in Prozent des Bruttoinlandsproduktes; 1971 und 1973 OECD-Abgrenzung, insbesondere ohne an das Ausland und internationale Organisationen fließende FuE-Mittel, 1969 ohne Geistes- und Sozialwissenschaften.

[2] 1981 und 1983 handelt es sich um an die OECD-Normen angepaßte nationale Daten.

[3] FuE-Ausgaben für 1975, 1981, 1985 und 1987 insgesamt aufgrund eingeschränkter Vergleichbarkeit im Hochschulsektor überschätzt.

[4] Ein Querstrich bedeutet, daß keine Erhebung vorgenommen wurde.

[5] Zeitreihenbruch.

[6] Schätzung.

[7] Vorläufige Daten der OECD, die z. T. auf Schätzungen der OECD basieren.

Tabelle 5: In Forschung und Entwicklung tätiges Personal nach Personalgruppen und Sektoren[1]

Sektor (OECD-Abgrenzung)	Jahr	insgesamt	davon Forscher	Technisches Personal	Sonstige
1. Wirtschaftssektor	1981	242544	77017	73039	92488
	1983	249478	81867	76949	90662
	1985	275080	93545	86391	95141
	1987	295333	107113	90675	97545
2. Hochschulsektor[2]	1981	65136	28470	13256	23410
	1983	67073	28955	13736	24382
	1985	62188	33450	12430	16311
	1987	67181	36644	13416	17120
3. Staatssektor[3]	1981	49239	17771	16325	15145
	1983	49944	18601	16409	14934
	1985	51741	19224	16878	15642
	1987	54275	20574	17765	15938
4. PNP-Sektor[4]	1981	2500	1420	595	485
	1983	2500	1420	595	485
	1985	2500	1420	595	485
	1987	2416	1283	602	531
5. Insgesamt[2]	1981	359419	124678	103215	131528
	1983	368995	130843	107689	130463
	1985	391509	147639	116294	127579
	1987	419205	165614	122458	131134

Quelle: Zusammengestellt aus: Faktenbericht zum Bundesbericht Forschung, Bonn 1990, S. 388.

1 Angaben auf Vollzeit umgerechnet.

2 Die Ergebnisse ab 1985 sind aufgrund der Änderungen des Berechnungsverfahrens im Hochschulsektor nur bedingt mit denen der Vorjahre vergleichbar.

3 Staatliche Institutionen einschließlich überwiegend vom Staat finanzierter wissenschaftlicher Einrichtungen ohne Erwerbszweck.

4 Zu PNP vgl. Tab. 3, Anm. 5; 1987 wurde in diesem Sektor erstmals eine (einmalige) Erhebung durchgeführt, daher ist die Vergleichbarkeit den Vorjahren gegenüber eingeschränkt.

Tabelle 6: Personal der wissenschaftlichen Einrichtungen des Staatssektors außerhalb der Hochschulen nach Personalgruppen und Institutionen[1]

Art der Einrichtung	Jahr[2]	Insgesamt	Forscher Anzahl	Forscher in %	Technisches u. Sonstiges Personal Anzahl	Technisches u. Sonstiges Personal in %
1. Großforschungseinrichtungen (100 % FuE)	1977	17511	5657	32,3	11854	67,6
	1979	18239	6343	34,8	11847	65,3
	1981	18487	6709	36,3	11779	63,7
	1983	18954	7172	37,8	11782	62,2
	1985	19417	7310	37,6	12108	62,4
	1987	20178	7560	37,5	12617	62,5
	1989[3]	21379	8479	39,7	12900	60,3
2. Max-Planck-Institute (100 % FuE)	1977	6756	2182	32,3	4574	67,7
	1979	7057	2481	35,2	4576	64,8
	1981	7521	2619	34,8	4903	65,2
	1983	7640	2682	35,1	4958	64,9
	1985	7988	2820	35,3	5169	64,7
	1987	8352	2979	35,7	5374	64,3
	1989[3]	8718	3195	36,6	5523	63,3
3. Staatsinstitute (o. Bibliotheken, Archive, Museen)	1977	15077	4966	32,9	10111	67,1
	1979	15862	5346	33,7	10516	66,3
	1981	21392	6896	32,2	14496	67,8
	1983	21243	7106	33,4	14138	66,6
	1985	21506	7230	33,6	14275	66,4
	1987	22436	8046	35,9	14390	64,1
	1989[3]	22792	8807	38,6	13985	61,4
darunter FuE[4]	1981	12296	4110	33,4	8186	66,6
	1983	12230	4306	35,2	7924	64,8
	1985	12406	4372	35,2	8035	64,8
	1987	12649	4735	37,4	7914	62,6
	1989[3]	12792	4977	38,9	7816	61,1
4. Fraunhofer-Ininstitute (100 % FuE)	1977	1783	1028	57,7	755	42,3
	1979	2033	1195	58,8	838	41,2
	1981	2216	1075	48,5	1141	51,5
	1983	2423	1186	48,9	1237	51,1
	1985	2823	1344	47,6	1479	52,4
	1987	3382	1432	42,3	1950	57,7
	1989[3]	3843	1722	44,8	2122	55,2
5. Wissenschaftliche Bibliotheken und Archive	1977	4834	1672	34,6	3162	65,4
	1979	5205	1778	34,2	3427	65,8
	1981	5775	1817	31,5	3954	68,5
	1983	6069	1897	31,3	4172	68,7
	1985	5945	1828	30,7	4117	69,3
	1987	6219	2037	32,8	4182	67,2
	1989[3]	5908	2185	37,0	3724	63,0

Art der Einrichtung	Jahr[2]	Insgesamt	Forscher Anzahl	Forscher in %	Technisches u. Sonstiges Personal Anzahl	Technisches u. Sonstiges Personal in %
darunter FuE[4]	1981	971	377	38,8	595	61,2
	1983	1 020	383	37,5	637	62,5
	1985	1 033	389	37,7	644	62,3
	1987	853	312	36,6	541	63,4
	1989[3]	782	311	39,8	471	60,2
6. Wissenschaftliche Museen	1977	2 893	566	19,6	2 327	80,4
	1979	3 017	629	20,8	2 388	79,7
	1981	3 172	625	19,7	2 547	80,3
	1983	3 224	667	20,7	2 557	79,3
	1985	3 446	750	21,8	2 696	78,2
	1987	3 748	855	22,8	2 893	77,2
	1989[3]	3 699	922	24,9	2 778	75,1
darunter FuE[4]	1981	2 548	528	20,4	2 056	79,6
	1983	2 609	548	21,0	2 061	79,0
	1985	2 802	614	21,9	2 188	78,1
	1987	3 007	701	23,3	2 306	76,7
	1989[3]	2 989	755	25,3	2 234	74,7
7. Sonstige Forschungseinrichtungen (100 % FuE)	1977	4 791	2 160	45,1	2 631	54,9
	1979	5 322	2 412	45,3	2 909	54,7
	1981	5 164	2 355	45,6	2 810	54,4
	1983	5 068	2 324	45,9	2 744	54,1
	1985	5 272	2 375	45,0	2 897	55,0
	1987	5 856	2 855	48,8	3 001	51,2
	1989[3]	6 331	3 208	50,7	3 124	49,3
8. Insgesamt (Summe 1.–7.)	1977	53 645	18 231	34,0	35 414	66,0
	1979	56 734	20 184	35,6	36 551	64,4
	1981	63 727	22 100	34,7	41 630	65,3
	1983	64 621	23 034	35,6	41 588	64,4
	1985	66 397	23 657	35,6	42 741	64,4
	1987	70 168	25 763	36,7	44 406	63,3
	1989[3]	72 669	28 517	39,2	44 152	60,8
darunter FuE[4]	1981	49 239	17 771	36,1	31 470	63,9
	1983	49 944	18 601	37,2	31 343	62,8
	1985	51 741	19 224	37,2	32 520	62,8
	1987	54 275	20 574	37,9	33 702	62,1
	1989[3]	56 833	22 646	39,8	34 187	60,2

Quelle: Zusammengestellt aus: Faktenbericht 1990 zum Bundesbericht Forschung 1988 für 1981–89, S. 395–397 und Faktenbericht 1986 zum Bundesbericht Forschung 1984 für 1977–79, S. 306–307.

[1] Staatssektor (OECD-Abgrenzung); Angaben auf Vollzeit umgerechnet.

[2] Personalstand jeweils am 30. Juni (Ist). [3] Vorläufiges Ergebnis, teilweise geschätzt.

[4] Je nach Art der wissenschaftlichen Einrichtung erfolgt die Beschäftigung des Personals ganz oder teilweise in Forschung und Entwicklung (FuE).

Tabelle 7:
Summe der Beiträge der Großforschungseinrichtungen zu den verschiedenen Aufgabenbereichen – Mittelaufwand in Millionen DM

	1976	1977	1978	1979	1980	1981	1982	1983	1984	1985	1986	1987	1988	1989	1990	1991
Schnelle Brüter	94,0	94,5	95,3	96,4	99,7	96,9	99,2	91,9	93,5	94,7	84,0	81,6	73,5	62,5	–	–
Hochtemperaturreaktoren	67,5	63,1	62,3	69,2	81,9	84,6	92,2	88,4	78,3	72,0	56,7	54,0	57,9	57,8	–	–
Leichtwasserreaktoren	15,6	17,4	10,7	10,0	–	–	–	–	–	–	–	–	–	–	–	–
Urananreicherung	10,8	13,1	16,1	15,9	16,9	16,9	18,6	17,7	17,1	16,8	14,9	10,4	7,8	2,7	–	–
Wiederaufarbeitung/Endlagerung[1]	64,2	68,1	77,5	89,4	84,6	99,0	95,3	107,4	111,2	110,8	115,5	116,6	111,9	117,4	88,3	74,0
Sicherheit Kerntechn. Anlagen[2]	40,6	48,6	62,8	62,7	81,2	94,5	100,3	100,7	85,6	59,1	43,9	38,4	36,8	38,0	113,3	104,2
Kernfusion[3]	90,0	100,5	106,8	118,8	125,8	158,8	139,3	187,5	149,8	155,4	175,9	181,3	183,7	186,7	179,4	183,8
Fusionstechnologie	–	–	–	–	–	–	–	–	52,3	63,5	64,3	71,3	73,3	77,1	78,1	87,6
Nichtnukleare Energiesysteme[4]	14,4	13,7	26,7	28,1	26,7	39,8	25,9	52,4	68,1	56,0	49,0	46,5	46,6	53,9	52,1	53,3
Summe Energieforschung und -technologie	397,1	419,0	458,2	490,5	516,8	590,5	570,8	646,0	655,9	628,3	604,2	600,1	591,5	596,1	511,2	502,9
Meerestechnik[5]	7,8	12,6	15,0	20,1	20,4	2,8	4,8	8,8	10,6	24,2	27,1	27,2	29,3	31,5	31,7	33,2
Exploration, Abbau und Aufbereitung	6,0	4,2	3,2	6,8	7,1	24,2	3,6	1,5	7,5	–	–	–	–	–	–	–
Verfahrenstechnik, Werkstoffentwicklung[6]	11,5	4,9	3,5	2,5	1,8	7,8	21,0	23,2	23,1	–	–	–	–	–	–	–
Polarforschung	–	–	–	–	–	–	–	–	37,5	43,0	18,5	25,0	18,1	18,8	21,0	22,0
Summe Meerestechnik, Rohstoffsicherung, Polarforschung[7]	25,3	21,7	21,7	29,4	29,3	34,8	29,4	33,5	78,7	67,2	45,6	52,2	47,4	50,3	52,7	55,2

[1] Ab 1990 Nukleare Entsorgung.
[2] Ab 1990 Sicherheitsforschung zu Kerntechnischen Anlagen.
[3] Ab 1984 inklusive Plasmaphysik und -technologie, ab 1988 ohne Plasmatechnologie.
[4] Ab 1988 Regenerative Energiesysteme.
[5] Ab 1977 Techniken zur Nutzung der Meere.
[6] Ab 1980 inklusive Rückgewinnung.
[7] Ab 1985 Meeresforschung, Meerestechnik, Polarforschung.

Tabelle 7: (Fortsetzung)

	1976	1977	1978	1979	1980	1981	1982	1983	1984	1985	1986	1987	1988	1989	1990	1991
Anwendung der DV[8]	32,8	39,6	36,3	33,2	22,8	18,3	18,3	27,5	14,1	25,6	27,7	28,1	23,8	23,0	22,4	29,8
DV-Anwendung in der Medizin[9]	12,5	12,7	11,4	11,5	20,0	23,9	27,2	19,0	42,3	3,9	25,6	45,1	38,7	43,7	51,5	55,8
DV-Systeme[10]	9,9	15,2	15,5	22,8	25,9	32,8	36,3	24,0	12,6	46,0	59,3	61,3	75,6	77,0	90,7	79,1
Grundlagen der DV[11]	7,2	7,4	8,0	7,7	25,7	19,1	18,3	22,0	27,4	41,2	46,7	55,3	68,6	75,2	78,2	84,0
Handhabungstechnik, Robotik	–	–	–	–	–	–	–	–	–	–	3,2	15,4	14,9	20,7	22,3	26,7
Summe Datenverarbeitung[12]	62,4	74,9	71,2	75,2	94,4	94,1	100,1	92,5	96,4	116,7	162,5	205,2	221,6	239,6	265,1	275,4
Summe Nachrichtentechnologie/ Bauelemente	7,0	3,5	6,1	6,1	–	–	–	–	–	–	–	–	–	–	–	–
Tieftemperatur- und Supraleitungstechnol.	19,4	16,7	13,5	13,4	13,6	14,4	10,3	12,6	17,0	13,0	11,0	18,0	33,7	31,8	21,4	36,3
Grenzflächen- u. Hochvakuumforschung[13]	5,8	6,1	4,4	5,7	6,7	7,3	7,1	7,6	7,2	9,4	11,5	11,7	10,5	9,7	6,6	6,7
Isotopentechnik[14]	8,8	10,9	12,9	14,3	9,7	6,8	3,8	–	–	42,9	63,5	71,0	81,4	82,9	101,1	112,6
Meß- u. Verfahrenstechnik[15]	–	–	–	–	26,9	34,0	39,9	31,2	32,5	32,9	47,2	43,2	36,9	42,1	48,6	38,9
Mikrostrukturtechnik	–	–	–	–	–	–	–	–	–	–	–	–	14,3	16,6	22,6	31,0
Summe Schlüsseltechnologien[16]	34,0	33,7	30,8	33,4	56,9	62,5	60,5	51,4	56,7	98,2	133,2	143,9	176,8	183,1	200,3	224,9

8 Ab 1980 wird der gesamte Bereich DV ersetzt durch Informationstechnik, die Anwendung der DV wird ersetzt durch Grundlagen der Informationstechnik.

9 Ab 1980 Informationsübertragung, ab 1985 Technologie für die Informationsübertragung.

10 Ab 1980 Anwendung der Informationstechnik in speziellen technischen Systemen, ab 1985 Systemtechnik.

11 Ab 1980 Anwendung der Informationstechnik in Organisationen, ab 1985 Anwendung der Informationstechnik.

12 Ab 1980 Summe Informationstechnik, ab 1985 inklusive Kommunikationstechnik, ab 1986 inklusive Fertigungstechnik.

13 Ab 1985 Verfahren zur Rohstoffsicherung.

14 Ab 1985 Material- und Oberflächenforschung.

15 1985 inklusive Robotik.

16 Ab 1980 Basistechnologien.

Tabelle 7: (Fortsetzung)

	1976	1977	1978	1979	1980	1981	1982	1983	1984	1985	1986	1987	1988	1989	1990	1991
Weltraumforschung	32,8	20,9	12,9	11,2	32,8	11,3	17,8	23,7	32,3	63,6	44,2	54,7	70,2	85,2	89,5	99,7
Raumfahrttechnik	30,5	57,6	89,1	85,7	59,4	83,6	82,9	79,7	69,8	44,5	81,4	100,4	150,7	146,3	170,7	170,5
Summe Weltraumforschung u. -technik	63,3	78,5	102,0	96,9	92,2	94,9	100,7	103,4	102,1	108,1	125,6	155,1	220,9	231,5	260,2	270,2
Krebsforschung	46,4	55,2	61,0	79,6	63,9	70,1	68,1	76,9	80,1	87,9	92,8	101,7	117,5	111,9	117,3	121,7
Medizinforschung u. -technik[17]	24,7	39,9	48,5	57,4	39,2	46,2	32,6	38,4	44,3	52,1	54,2	57,1	46,9	49,5	49,4	60,8
Biologische Forschung u. Technik[18]	31,8	39,4	28,2	32,9	39,1	52,5	52,8	49,3	56,3	38,0	42,0	46,0	46,0	51,6	57,4	68,0
Ökosystemforschung u. Ökol. Technik[19]	44,6	39,0	34,9	41,1	28,8	36,4	24,2	38,9	41,4	41,4	50,7	56,8	56,5	106,7	65,3	70,4
Umweltforschung und -technologie[20]	–	–	–	–	52,6	64,1	74,0	84,4	92,8	77,5	87,6	90,0	98,4	54,7	121,3	126,6
Umwelttechnologie[21]	–	–	–	–	–	–	–	–	–	34,4	48,6	55,8	45,8	62,4	69,9	107,3
Summe Gesundheit, Ernährung, Umwelt[22]	147,5	173,5	172,6	211,0	223,6	269,3	251,7	287,9	314,9	331,3	375,9	407,4	411,1	436,8	480,6	554,8
Landgebundene Verkehrs- u. Transportsysteme	6,5	2,9	3,3	3,8	3,4	4,0	4,3	5,5	5,4	5,9	5,6	6,3	6,4	6,0	6,8	6,9
Kernenergieschiffe	17,9	24,8	22,0	10,4	13,7	14,5	–	–	–	–	–	–	–	–	–	–
Luftfahrttechnik	93,5	114,7	116,3	107,9	133,9	141,2	144,3	139,3	141,9	148,0	156,5	164,8	159,4	160,6	157,9	171,2
Summe Transport- u. Verkehrssysteme	117,9	142,4	141,6	122,1	151,0	159,7	148,6	144,8	147,3	153,9	162,1	171,1	165,8	166,6	164,7	178,1

[17] Ab 1980 Medizinische und Biologische Forschung, ab 1985 Medizinische Forschung und Verfahren.
[18] Ab 1980 Medizinische Verfahren, ab 1985 Umwelteinflüsse auf biologische Systeme. [19] Ab 1980 Biotechnologie.
[20] Ab 1985 Umwelterkundung und Klimaforschung, 1989 Umweltanalyse und Klimaforschung, ab 1990 Analyse von Umwelt- und Klimaveränderungen.
[21] Ab 1987 Techniken zum Schutz der Umwelt, 1991 Techniken und Strategien zum Schutz der Umwelt.
[22] Ab 1985 Gesundheit, Umwelt, Biotechnologie.

Tabelle 7: (Fortsetzung)

	1976	1977	1978	1979	1980	1981	1982	1983	1984	1985	1986	1987	1988	1989	1990	1991
Kern-, Radio- u. Strahlenchemie[23]	9,2	9,8	10,7	11,3	11,8	12,7	11,5	11,8	11,1	11,1	12,8	14,3	13,6	13,5	17,2	16,4
Hoch- u. Mittelenergiephysik[24]	92,1	103,5	118,8	115,5	122,4	128,6	159,8	130,1	184,8	225,5	331,7	316,2	242,4	209,6	182,4	186,0
Niederenergiephysik, Schwerionenforschung[25]	77,4	77,3	83,8	100,1	112,0	111,0	123,5	123,7	129,4	140,3	176,0	191,7	113,2	226,1	181,9	193,8
Festkörperforschung	53,9	57,5	59,6	77,7	96,6	105,9	97,3	141,3	151,0	171,7	150,6	128,9	104,8	130,3	115,8	127,0
Summe Grundlagenforschung[26]	232,6	248,3	272,9	304,6	342,8	358,2	392,1	406,9	476,3	548,6	671,1	651,1	474,0	579,5	497,3	523,2
Allgemein Anwendungsorientierte Forschung	14,1	25,6	22,7	37,3	–	–	–	–	–	–	–	–	–	–	–	–
Systemforschung u. -technik	9,2	7,3	4,4	6,9	8,3	10,4	4,8	7,3	–	–	–	–	–	–	–	–
Summe Allgemeine Forschung	23,3	32,9	27,1	44,2	–	–	–	–	–	–	–	–	–	–	–	–
Dienstleistungen für Industrie, Behörden, Öffentlichkeit	18,3	21,6	25,0	22,0	28,5	40,7	36,9	24,8	–	–	–	–	–	–	–	–
Summe Beiträge der Großforschungseinrichtungen	1128,7	1250,0	1329,2	1435,4	1534,8	1715,1	1695,6	1798,5	1928,3	2052,3	2280,2	2386,1	2417,8	2483,5	2432,1	2584,7

Quelle: Zusammengestellt aus: Programmbudget der AGF 1976, S. 52, 1977, S. 52, 1978, S. 52, 1979, S. 52, 1980, S. 60, 1981, S. 60, 1982, S. 59, 1983, S. 62, 1984, S. 66, 1985, S. 74, 1986, S. 76, 1987, S. 78, 1988

23 Ab 1984 Nuklearchemische Strahlen- und Photoelektrochemie.

24 Ab 1978 Elementarteilchenphysik, Forschung mit Mesonen, 1990 Elementarteilchenphysik, Nutzung der Synchrotronstrahlung, 1991 Elementarteilchenphysik.

25 Ab 1978 Kernphysik und Schwerionenforschung.

26 Ab 1978 Nukleare Grundlagenforschung, ab 1983 Erforschung der Grundlagen der Materie.

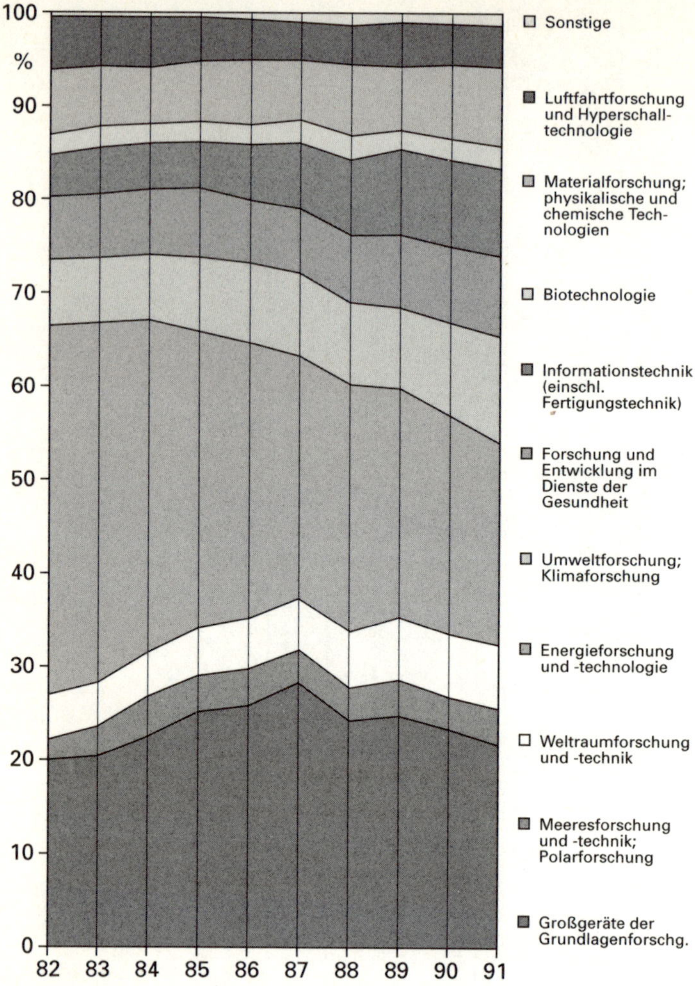

Schaubild 1: Entwicklung der Hauptforschungsfelder der Großforschung

Quelle: Bundesminister für Forschung und Technologie, Status und Perspektiven der Großforschungseinrichtungen im vereinigten Deutschland. Bericht des Bundesministeriums für Forschung und Technologie an den FTTA-Ausschuß des Deutschen Bundestages vom 24. 9. 1991, 124 – 0800 – 2/91, Anlage 1 a.

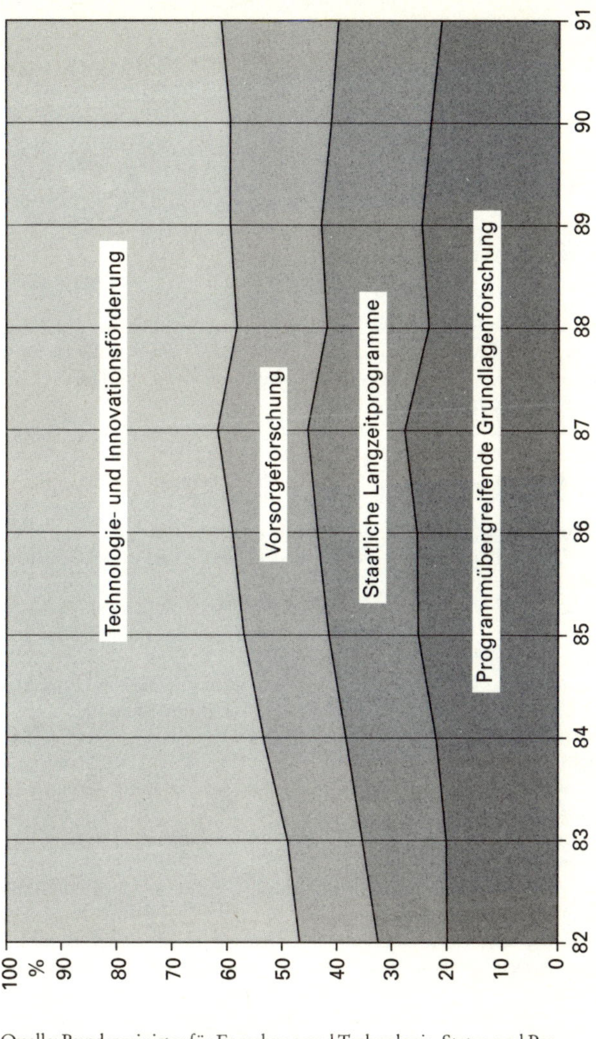

Schaubild 2:Die Großforschung nach Hauptaufgaben (1982–1991)

Quelle: Bundesminister für Forschung und Technologie, Status und Perspektiven der Großforschungseinrichtungen im vereinigten Deutschland. Bericht des Bundesministeriums für Forschung und Technologie an den FTTA-Ausschuß des Deutschen Bundestages vom 24. 9. 1991, 124 – 0800 – 2/91, Anlage 1 b.

Literaturhinweise

Mit wenigen Ausnahmen werden nur Titel aufgenommen, die in den Anmerkungen zitiert werden. Die Aufsätze aus hier aufgeführten Sammelwerken werden nicht eigens erwähnt.

[Akademie der Wissenschaften der DDR], Jahresbericht 1989, Teil 1: Jahresforschungsbericht, MS

[Alfred-Wegener-Institut für Polar- und Meeresforschung], Aufbau-Bericht 1980–1985, Bremerhaven 1985

Alter, Peter, Wissenschaft, Staat, Mäzene. Anfänge moderner Wissenschaftspolitik in Großbritannien 1850–1920, Stuttgart 1982

Arbeitsgemeinschaft der Großforschungseinrichtungen, 1974 ff., Programmbudget

–, 1980, Großforschung in der Bundesrepublik Deutschland, hg. aus Anlaß des zehnjährigen Bestehens der Arbeitsgemeinschaft der Großforschungseinrichtungen, Bonn

–, 1985, Handbuch der Großforschung 1985/86, 2. Aufl., Bonn 1987/88

–, 1985, Zur thematischen Orientierung der Großforschung in den 80er und 90er Jahren, Bonn

AGF/BDI, Möglichkeiten und Grenzen der Zusammenarbeit zwischen Großforschungseinrichtungen und der Industrie, Bonn/Köln 1978

AGF-Dokumentation, Bonn:

1, 1983: Dokumente zur Großforschung

2, 1983: Großforschung und Industrie. Formen der Zusammenarbeit und beteiligten Partner

3, 1985: Satzungen der Mitglieder der Arbeitsgemeinschaft der Großforschungseinrichtungen

4, 1985: Arbeitsgemeinschaft der Großforschungseinrichtungen, 1970–1985: Gründung, Entwicklung und Aufgaben

5, 1988: Wissenschaftliche Kooperation mit Ländern der Dritten Welt

6, 1989: Physikalische Grundlagen neuer Klimamodelle. Ein Werkstattgespräch, Bonn-Bad Godesberg

7, 1990: Satzungen der Gesellschaftsverträge der Mitglieder der Arbeitsgemeinschaft der Großforschungseinrichtungen, Bonn

8, 1991: AGF-Informationsseminar „Datenschutz", Bonn

9, 1991: Informationsseminar „Europa nach 1992. Zu Auswirkungen des europäischen Binnenmarktes auf die außeruniversitäre Forschung", Bonn/Heidelberg

Austoker, Joan/Linda Bryder (Hg.), Historical Perspectives on the Role of the MRC. Essays in the History of the Medical Research Council of the United Kingdom and its Predecessor, the Medical Research Committee, 1913–1953, Oxford 1989

Beer, John J., Coal Tar Dye Manufacture and the Origins of the Modern Industrial Research Laboratory, in: Isis 49, 1958, S. 123–131

Beer, John J., The Emergence of the German Dye Industry, Urbana 1959

[Bericht der Bundesregierung] Status und Perspektiven der Großforschungseinrichtungen. Bericht der Bundesregierung B 151, BT-Drs. 10/1327 vom 16.4.1984

[Bericht der Bundesregierung] Bericht über die Umsetzung des Berichts der Bundesregierung über „Status und Perspektiven der Großforschungseinrichtungen", BT-Drs. 10/6225 vom 22.10.1986

Beyerchen, Alan D., Wissenschaftler unter Hitler – Physiker im Dritten Reich, Köln 1980

[Biologische Zentralanstalt für Land- und Forstwirtschaft], 50 Jahre deutsche Pflanzenschutzforschung. Festschrift zum 50jährigen Bestehen der Biologischen Zentralanstalt für Land- und Forstwirtschaft in Berlin-Dahlem, Berlin 1949

Birkenfeld, Wolfgang, Der synthetische Treibstoff 1933–45. Ein Beitrag zur nationalsozialistischen Wirtschafts- und Rüstungspolitik, Göttingen 1964

Boenke, Susan, Entstehung und Entwicklung des Max-Planck-Instituts für Plasmaphysik 1955–1971, Frankfurt/New York 1991

Bortfeldt, Jürgen/Wolfgang Hauser/Helmut Rechenberg (Hg.), Forschen – Messen – Prüfen. 100 Jahre Physikalisch-Technische Reichsanstalt/Bundesanstalt 1887–1987, Weinheim 1987

Brämer, Rainer (Hg.), Naturwissenschaftler im NS-Staat, Marburg 1983

Brautmeier, Jürgen, Forschungspolitik in Nordrhein-Westfalen 1945–1961, Düsseldorf 1983

Brocke, Bernhard vom, „Wissenschaft und Militarismus". Der Aufruf der 93 ‚An die Kulturwelt' und der Zusammenbruch der internationalen Gelehrtenrepublik im Ersten Weltkrieg, in: Wilamowitz nach 50 Jahren. Hg. von William M. Calder III/Hellmut Flashar/Theodor Lindken, Darmstadt 1985, S. 649–719

Brocke, Bernhard vom, Hochschul- und Wissenschaftspolitik in Preußen und im Deutschen Kaiserreich 1892–1907: Das „System Althoff", in: Peter Baumgart (Hg.), Bildungspolitik in Preußen zur Zeit des Kaiserreichs, Stuttgart 1990, S. 9–118

Brocke, Bernhard vom (Hg.), Wissenschaftsgeschichte und Wissenschaftspolitik im Industriezeitalter. Das ‚System Althoff' in historischer Perspektive, Hildesheim 1991

Bruch, Rüdiger vom/Rainer A. Müller (Hg.), Formen außerstaatlicher Wissenschaftsförderung im 19. und 20. Jahrhundert. Deutschland im europäischen Vergleich, Stuttgart 1990

Bruder, Wolfgang (Hg.), Forschungs- und Technologiepolitik in der Bundesrepublik Deutschland, Opladen 1986
Buchheim, Gisela, Die Gründungsgeschichte der Physikalisch-Technischen Reichsanstalt von 1872–1887, in: Dresdner Beiträge zur Geschichte der Technikwissenschaft, Hefte 3 u. 4, Technische Universität Dresden 1981/82
Bufe, Helga/Jürgen Grumbach, Staat und Atomindustrie. Kernenergiepolitik in der BRD, Köln 1979
Bundesberichte Forschung:
–, I/1965, II/1967, III/1969, hg. vom Bundesminister für wissenschaftliche Forschung
–, IV/1972, hg. vom Bundesminister für Bildung und Wissenschaft
–, V/1975, VI/1979, 1984, 1988, hg. vom Bundesminister für Forschung und Technologie
Faktenberichte zum Bundesbericht Forschung 1977, 1981, 1986, 1990, hg. vom Bundesminister für Forschung und Technologie, Bonn
Bundesgesundheitsamt. 100 Jahre Forschung für die Gesundheit, Berlin 1976
[Bundesminister für Bildung und Wissenschaft], Leitlinien des Bundesministers für Bildung und Wissenschaft zu Grundsatz-, Struktur- und Organisationsfragen von rechtlich selbständigen Forschungseinrichtungen, an denen die Bundesrepublik Deutschland, vertreten durch den Bundesminister für Bildung und Wissenschaft, überwiegend beteiligt ist [=Schriftenreihe Forschungsplanung 2 und 2 a), Bonn 1. Fassung 1970, 2. Fassung 1971
[Bundesminister für Bildung und Wissenschaft], Empfehlungen der Kommission des Bundesministeriums für Bildung und Wissenschaft zur Förderung des Ausbaus der Fraunhofer-Gesellschaft, München 1971
[Bundesminister für Forschung und Technologie], Bericht über die Erfahrungen mit den Leitlinien zu Grundsatz-, Struktur- und Organisationsfragen von rechtlich selbständigen Forschungseinrichtungen, Bonn-Bad Godesberg 1974
[Bundesminister für Forschung und Technologie], Biotechnologie 2000. Programm der Bundesregierung, Bonn 1990
[Bundesminister für Forschung und Technologie], Bericht an den Ausschuß für Forschung, Technologie und Technologiefolgenabschätzung des Deutschen Bundestages zur Vereinigungspolitik im Bereich von Forschung und Technologie, 8. 4. 1991
[Bundesminister für Forschung und Technologie], Status und Perspektiven der Großforschungseinrichtungen im vereinigten Deutschland. Bericht des Bundesministeriums für Forschung und Technologie an den FTTA-Ausschuß [Ausschuß für Forschung, Technologie und Technologiefolgenabschätzung] des Deutschen Bundestages vom 24. 9. 1991, 124-0 800-2/91
[Bundesministerium für Atomfragen], Deutsche Atomkommission. Geschäftsordnung, Mitgliederverzeichnis, Organisationsplan 1956, Köln 1956

[Bundesministerium für innerdeutsche Beziehungen], DDR-Handbuch, Wissenschaftliche Leitung: Hartmut Zimmermann unter Mitarbeit von Horst Ulrich und Michael Fehlauer, 3. Aufl., Köln 1984

[Bundesministerium für Forschung und Technologie], Wegweiser für Arbeitsbeschaffungsmaßnahmen (ABM) im FuE-Bereich der neuen Bundesländer, 16.4.1991

[Bundestagsausschuß für Forschung und Technologie], Verhandlungen des Deutschen Bundestags und Beschlußempfehlung und Bericht des Ausschusses des Bundestags für Forschung und Technologie vom 26. 10. 1983, BT-Drs. 10/539

Bundesverband der Deutschen Industrie, Industrie und Großforschung. Vorschläge zur zukünftigen Entwicklung der Großforschungseinrichtungen und zur Verbesserung der Kooperationsmöglichkeiten mit der Industrie, Köln 1984

Burchardt, Lothar, Wissenschaftspolitik im Wilhelminischen Deutschland. Vorgeschichte, Gründung und Aufbau der Kaiser-Wilhelm-Gesellschaft zur Förderung der Wissenschaften, Göttingen 1975

Burchardt, Lothar, Der Weg zur PTR. Die Projektierung und Gründung hochschulferner physikalischer Forschungsstätten im Kaiserreich, in: Physikalische Blätter 32, 1976, S. 289–297

Cahan, David, An Institute for an Empire. The Physikalisch-Technische Reichsanstalt 1871–1918, Cambridge etc. 1989

Cahan, David, Meister der Messung. Die Physikalisch-Technische Reichsanstalt im Deutschen Kaiserreich, Weinheim u.a. 1992 [überarbeitete deutsche Fassung der vorhergehenden Studie]

Cartellieri, Wolfgang, Die Großforschung und der Staat, in: Projektwissenschaften, Schriftenreihe des Bundesministers für wissenschaftliche Forschung, Heft 4, München 1963, S. 3–16

Cartellieri, Wolfgang, Die Großforschung und der Staat. Gutachten über die zweckmäßige rechtliche und organisatorische Ausgestaltung der Institutionen für die Großforschung, 2 Teile, München 1967–69

Daele, Wolfgang van den u. a. (Hg.), Geplante Forschung. Vergleichende Studien über den Einfluß politischer Programme auf die Wissenschaftsentwicklung, Frankfurt/M. 1979

Deubner, Christian, Die Atompolitik der westdeutschen Industrie und die Gründung von Euratom, Frankfurt/M. 1977

Deutsche Demokratische Republik, Handbuch, Leipzig 1979

Deutsches Elektronen-Synchrotron DESY, in: Die Atomwirtschaft, 9. Jg., Juli 1964, S. 293–340

Drewitz, Ilse, Schwerpunkte in der Geschichte von DESY 1956–1979, hg. von DESY-PR, Hamburg 1982

Eckert, Michael, Die Anfänge der Atompolitik in der Bundesrepublik Deutschland, in: Vierteljahrshefte für Zeitgeschichte 37, 1989, S. 115–143

Eckert, Michael/Maria Osietzki, Wissenschaft für Macht und Markt. Kernforschung und Mikroelektronik in der Bundesrepublik Deutschland, München 1989

Epp, August, Die ersten 25 Jahre der Fraunhofer-Gesellschaft, MS, zwei Teile, Wörthsee-Steinebach 1984

Erker, Paul, Die Verwissenschaftlichung der Industrie. Zur Geschichte der Industrieforschung in den europäischen und amerikanischen Elektrokonzernen 1890–1930, in: Zeitschrift für Unternehmensgeschichte 35, 1990, S. 73–94

Feldman, Gerald D., The Politics of Wissenschaftspolitik in Weimar Germany: a Prelude to the Dilemmas of Twentieth-century Science Policy, in: Charles S. Maier (Hg.), Changing Boundaries of the Political. Essays on the Evolving Balance between the State and Society, Public and Private in Europe, Cambridge etc. 1987, S. 255–285

Finanzstatut für rechtlich selbständige Großforschungseinrichtungen, an deren Rechtsträgerschaft die öffentliche Hand überwiegend beteiligt ist, Bonn 6. Dezember 1971

Finke, Wolfgang, Weltraumpolitik in der Bundesrepublik Deutschland, in: Karl Kaiser/Stefan Freiherr von Welck (Hg.), Weltraum und internationale Politik, München 1987, S. 279–298

Fischer, Emil, Gesammelte Werke. Untersuchungen aus verschiedenen Gebieten, Berlin 1924

Flöhl, Rainer, Deutsche Polarforschung beispielhaft, in: FAZ, 8.4. 1992, S. N 1

Forschung an den Polen, in: Wissenschaft und Fortschritt 41, 1991, S. 49–51

Förtsch, Eckart, Wissenschafts- und Forschungspolitik, in: Wissenschaften in der DDR. Berichte und Analysen. Zweites Halbjahr 1985. Hg. vom Institut für Gesellschaft und Wissenschaft an der Universität Erlangen, 1986, S. 26–43

Förtsch, Eckart, Wissenschafts- und Forschungspolitik der SED: „Schneller, besser, mehr und vor allem effektiver“, in: Der 11. Parteitag der SED. Gesellschafts- und wissenschaftspolitische Aspekte. Hg. vom Institut für Gesellschaft und Wissenschaft an der Universität Erlangen, 1986, S. 53–73

Fraunhofer-Gesellschaft zur Förderung der angewandten Forschung e. V. (Hg.), Empfehlungen der Kommission des Bundesministeriums für Bildung und Wissenschaft zur Förderung des Ausbaus der Fraunhofer-Gesellschaft, abgeschlossen April 1970, München 1971

Gerischer, Heinz, Das Fritz-Haber-Institut: „Geschichte und Gegenwart“, MS, Vortrag vom 31. 10. 1986

Gesetz zu dem Vertrag vom 31. August 1990 zwischen der Bundesrepublik Deutschland und der Deutschen Demokratischen Republik über die Herstellung der Einheit Deutschlands – Einigungsvertrag – und der Vereinbarung vom 18. September 1990, in: Bundesgesetzblatt, Teil II, Z. 1998 A. Ausgegeben zu Bonn am 28. September 1990, Nr. 35, S. 885–1248

Gleitsmann, Rolf-Jürgen, Im Widerstreit der Meinungen: Zur Kontroverse um die Standortfindung für eine deutsche Reaktorstation (1950–1955). Ein Beitrag zur Gründungsgeschichte des Kernforschungszentrums Karlsruhe und zu einem Kapitel deutscher Kernenergiegeschichte, KfK-Veröffentlichung 4186 vom Dezember 1986

Gorges, Irmela, Sozialforschung in Deutschland 1872–1914. Gesellschaftliche Einflüsse auf Themen- und Methodenwahl des Vereins für Sozialpolitik, Königstein/Ts. 1980

Grau, Conrad, Berühmte Wissenschaftsakademien: Von ihrem Entstehen und ihrem weltweiten Erfolg, Thun/Frankfurt/M. 1988

Griewank, Karl, Staat und Wissenschaft im Deutschen Reich. Zur Geschichte und Organisation der Wissenschaftspflege in Deutschland, Freiburg im Breisgau 1927

Grundmann, Herbert, Monumenta Germaniae Historica 1819–1969, München 1969

Gulison, Peter/Bruce Hevly (Hg.), Big Science. The Growth of Large Scale Research, Stanford 1991

Haber, Fritz, Fünf Vorträge aus den Jahren 1920–23, Berlin 1924

Haber, Lutz F., The Poisonous Cloud. Chemical Warfare in the First World War, Oxford 1986

Haberer, Joseph, Politics and the Community of Science, New York 1969

Habfast, Claus, Großforschung mit kleinen Teilchen. Das Deutsche Elektronen-Synchrotron DESY 1956–1970, Berlin etc. 1989

Häfele, Wolf, Neuartige Wege naturwissenschaftlich-technischer Entwicklung, in: Projektwissenschaften, Schriftenreihe des Bundesministers für wissenschaftliche Forschung, Heft 4, München 1963, S. 17–38

Harbordt, Steffen (Hg.), Wissenschaft und Nationalsozialismus. Zur Stellung der Staatsrechtslehre, Staatsphilosophie, Psychologie, Naturwissenschaft und der Universität zum Nationalsozialismus, Berlin 1983

Harnack, Adolf, Geschichte der Königlich Preußischen Akademie der Wissenschaften zu Berlin, 3 Bde., Berlin 1900, Neudruck Hildesheim/New York 1970

Harnack, Adolf, Vom Großbetrieb der Wissenschaft, in: Preußische Jahrbücher 119, 1905, S. 193–201

Hartkopf, Werner, Die Akademie der Wissenschaften der DDR. Ein Beitrag zu ihrer Geschichte, Berlin (Ost) 1975

Hasenritter, Bodo, Staatliche Forschungs- und Entwicklungspolitik in der Bundesrepublik Deutschland – Systemkonformität und Systemeffizienz –, München 1982

Hauff, Volker/Hans-Hilger Haunschild (Hg.), Forschung in der Bundesrepublik Deutschland, 2. Aufl., Stuttgart 1978

Hauff, Volker/Fritz W. Scharpf, Modernisierung der Volkswirtschaft. Technologiepolitik als Strukturpolitik, Frankfurt/M. 1975

Hayes, Peter, Industry and Ideology: IG-Farben in the Nazi-Era, Cambridge 1987

Heinzerling, Werner, Windkanäle, in: Ludwig Bölkow (Hg.), Ein Jahrhun-

dert Flugzeuge. Geschichte und Technik des Fliegens, Düsseldorf 1990, S. 304–333
Heisenberg, Werner, Heutige Aufgaben und Probleme bei der Förderung wissenschaftlicher Forschung in Deutschland, in: Universitas, 19. Jg., 1964, S. 1009–1022
Hermann, Armin, Wie die Wissenschaft ihre Unschuld verlor – Macht und Mißbrauch der Forschung, Stuttgart 1982
Hermann, Armin/John Kriege/Ulrike Mersits/Dominique Pestre, History of CERN, 2 Bde., Amsterdam 1987 und 1990
Hohn, Hans-Willy/Uwe Schimank, Konflikte und Gleichgewichte im Forschungssystem. Akteurkonstellationen und Entwicklungspfade in der staatlich finanzierten außeruniversitären Forschung, Frankfurt/New York 1990
Hölsken, Heinz Dieter, Die V-Waffen. Entstehung – Propaganda – Kriegseinsatz, Stuttgart 1984
Hounshell, David/John K. Smith Jr., Science and Corporate Strategy. Du Pont R&D, 1902–1980, Cambridge etc. 1988
Johnson, Jeffrey A., The Chemical Reichsanstalt Association: Big Science in Imperial Germany, 2 Bde., Phil. Diss. Princeton, Ann Arbor Univ. Press 1980
Johnson, Jeffrey Allan, The Kaiser's Chemists: Science and Modernization in Imperial Germany, Chapel Hill 1990
Jones, Vincent C., Manhattan: The Army and the Atomic Bomb. Washington D. C. 1985
[Kaiserliches Gesundheitsamt], Das kaiserliche Gesundheitsamt. Rückblick auf den Ursprung sowie die Entwicklung und Thätigkeit des Amtes in den ersten zehn Jahren seines Bestehens, Berlin 1886
Keck, Otto, West German Science Policy Since the Early 1960's: Trends and Objectives, in: Research Policy, 5, 1976, S. 116–157
Keck, Otto, Der schnelle Brüter. Eine Fallstudie über Entscheidungsprozesse in der Großtechnik, Frankfurt/M. 1984
[Kernforschungszentrum Karlsruhe], 25 Jahre Kernforschungszentrum Karlsruhe 1956–1981, in: KfK Nachrichten 13, 1–2/81
Kind, Dieter/Walter Mühe, Naturforscher und Gestalter der Technik. Die Träger des Werner-von-Siemens-Ringes und ihre Leistungen für Naturwissenschaften und Technik, Düsseldorf 1989
Kirchner, Ulrich, Der Hochtemperaturreaktor. Konflikte, Interessen, Entscheidungen, Frankfurt/New York 1991
Kitschelt, Herbert, Kernenergiepolitik. Arena eines gesellschaftlichen Konflikts, Frankfurt/New York 1980
Klee, Susanne, Neue Wege der Teilchenbeschleunigung, in: Physik in unserer Zeit, 21/3, 1990, S. 117–122
Kommission für die Finanzreform, Gutachten über die Finanzreform in der Bundesrepublik Deutschland, Stuttgart u. a. 1966
Küppers, Günter/Peter Lundgreen/Peter Weingart, Umweltforschung – die

gesteuerte Wissenschaft? Eine empirische Studie zum Verhältnis von Wissenschaftsentwicklung und Wissenschaftspolitik, Frankfurt/M. 1978

Landrock, Rudolf, Die Deutsche Akademie der Wissenschaften zu Berlin 1945–1971. Ihre Umwandlung zur sozialistischen Forschungsakademie, 3 Bde. (=Analysen und Berichte aus Gesellschaft und Wissenschaft, hg. vom Institut für Gesellschaft und Wissenschaft 1/1977, 2/1977, 3/1977), Erlangen 1977

Langegger, Manfred, Das Wissenschaftsverständnis der Bundesforschungspolitik. Seine Entwicklung in den Jahren 1962–1975 (=Analysen und Berichte aus Gesellschaft und Wissenschaft, hg. vom Institut für Gesellschaft und Wissenschaft, 5/1978), Erlangen 1978

Lenoir, Timothy, A Magic Bullet: Research for Profit and the Growth of Knowledge in Germany Around 1900, in: Minerva 26, 1988, S. 66–88

Lenoir, Timothy, Politik im Tempel der Wissenschaft. Forschung und Machtausübung im deutschen Kaiserreich, Frankfurt/M.-New York 1992

Lexis, Wilhelm (Hg.), Das Unterrichtswesen im Deutschen Reich, 4 Bde. (u. ein Anhang) in 6 Tln., Berlin 1904

Ludwig, Karl-Heinz, Technik und Ingenieure im Dritten Reich, Düsseldorf 1974

Lundgreen, Peter (Hg.), Wissenschaft im Dritten Reich, Frankfurt/M. 1985

Lundgreen, Peter u.a., Staatliche Forschung in Deutschland 1870–1980, Frankfurt/New York 1986

Lüst, Reimar, Der Beginn staatlicher Großforschung in Deutschland, in: Physikalisch-Technische Bundesanstalt. Mitteilungen 97, 6/87, S. 469–474

Majer, Helge, Die „Technologische Lücke" zwischen der Bundesrepublik Deutschland und den Vereinigten Staaten von Amerika. Eine empirische Analyse, Tübingen 1973

Marquardt, Detlef, Forschungspolitische Willensbildung im politischen System der Bundesrepublik Deutschland. Eine Studie zum Entscheidungshandeln im Bereich der staatlichen Forschungsförderung, Phil. Diss., Bonn 1975

Marsch, Ulrich, Gründung und frühe Geschichte der Notgemeinschaft der Deutschen Wissenschaft 1920–25, MS 1990 (Magisterarbeit München)

Matschoss, Conrad, Preußens Gewerbeförderung und ihre großen Männer. Dargestellt im Rahmen der Geschichte des Vereins zur Förderung des Gewerbefleißes 1821–1921, Berlin 1921

[Max-Planck-Gesellschaft], 50 Jahre Kaiser-Wilhelm-Gesellschaft und Max-Planck-Gesellschaft zur Förderung der Wissenschaften 1911–1961. Beiträge und Dokumente, hg. von der Generalverwaltung der Max-Planck-Gesellschaft zur Förderung der Wissenschaften e. V., Göttingen 1961

Max-Planck-Gesellschaft, Jahrbücher 1953–1990

Mehrtens, Herbert/Steffen Richter (Hg.), Naturwissenschaft und NS-Ideologie. Beiträge zur Wissenschaftsgeschichte des Dritten Reiches, Frankfurt/M. 1980

Meusel, Ernst-Joachim, Historisches Projekt Großforschung, in: Wissenschaftsrecht, Wissenschaftsverwaltung, Wissenschaftsförderung 18, 1985, S. 247–249

Meusel, Ernst-Joachim, Planung und Erfolgskontrolle in staatlichen Großforschungseinrichtungen, in: Zeitschrift für öffentliche und gemeinwirtschaftliche Unternehmen 7, 1985, S. 74–86

Meyer-Thurow, Georg, The Industrialization of Invention: a Case Study from the German Chemical Industry, in: Isis 73, 1982, S. 363–381

Mittelstrass, Jürgen, Die Zukunft der Forschung. Im Wissen Weltmeister – im Bewältigen wissenserzeugter Probleme blutige Anfänger. Die Wissenskugel im All des Nichtwissens, in: Robert Gerwin (Hg.), Wie die Zukunft Wurzeln schlug. Aus der Forschung der Bundesrepublik Deutschland, Berlin u. a. 1989, S. 359–363

Mommsen, Theodor, Antwort an Herrn Harnack (Öffentliche Sitzung vom 3. Juli 1890), in: Sitzungsberichte der Königlich Preussischen Akademie der Wissenschaften zu Berlin, Berlin 1890, S. 791–793

Moser, Helmut (Hg.), Forschung und Prüfung. 75 Jahre Physikalisch-Technische Bundesanstalt/Reichsanstalt, Braunschweig 1962

Müller, Wolfgang D., Geschichte der Kernenergie in der Bundesrepublik Deutschland. Anfänge und Weichenstellungen, Stuttgart 1990

Nipperdey, Thomas/Ludwig Schmugge, 50 Jahre Forschungsförderung in Deutschland. Ein Abriß der Geschichte der Deutschen Forschungsgemeinschaft 1920–1970, Berlin 1970

Nitschke, August u. a. (Hg.), Jahrhundertwende. Der Aufbruch in die Moderne 1880–1930, 2 Bde., Reinbek bei Hamburg 1983

Osietzki, Maria, Wissenschaftsorganisation und Restauration. Der Aufbau außeruniversitärer Forschungseinrichtungen und die Gründung des westdeutschen Staates 1945–1952, Köln/Wien 1984

Parlamentarischer Rat, Verhandlungen des Hauptausschusses. Stenographische Berichte, 1948/49

Petzina, Dietmar, Autarkiepolitik im Dritten Reich. Der nationalsozialistische Vierjahresplan, Stuttgart 1968

Pfetsch, Frank R., Zur Entwicklung der Wissenschaftspolitik in Deutschland 1750–1914, Berlin 1974

Plumpe, Gottfried, Die I. G. Farbenindustrie AG. Wirtschaft, Technik und Politik 1904–1945, Berlin 1990

Prüß, Karsten, Kernforschungspolitik in der Bundesrepublik Deutschland, Frankfurt/M. 1974

Querner, Hans/Heinrich Schipperges (Hg.), Wege der Naturforschung 1822–1972 im Spiegel der Versammlungen deutscher Naturforscher und Ärzte, Berlin 1972

Radkau, Joachim, Aufstieg und Krise der deutschen Atomwirtschaft

1945–1975. Verdrängte Alternativen in der Kerntechnik und der Ursprung der nuklearen Kontroverse, Reinbek b. Hamburg 1983

Radkau, Joachim, Hiroshima und Asilomar. Die Inszenierung des Diskurses über die Gentechnik vor dem Hintergrund der Kernenergie-Kontroverse, in: Geschichte und Gesellschaft 14, 1988, S. 321–363

Radloff, Richard, Die Gesellschaft für biotechnologische Forschung, in: Wissenschaft und Fortschritt 41, 1991, S. 130–133

Rasch, Manfred, Vorgeschichte und Gründung des Kaiser-Wilhelm-Instituts für Kohlenforschung in Mülheim an der Ruhr, Hagen 1987

Rasch, Manfred, Geschichte des Kaiser-Wilhelm-Instituts für Kohlenforschung 1913–1943, Weinheim 1989

Rasch, Manfred, Wissenschaft und Militär: Die Kaiser Wilhelm Stiftung für kriegstechnische Wissenschaft, in: Militärgeschichtliche Mitteilungen 50, 1991, S. 73–120

Rathenau, Walther, Gesammelte Schriften in 5 Bänden, Berlin 1918

Reich, Leonhard S., The Making of American Industrial Research. Science and Business at General Electric & Bell, 1876–1926, Cambridge/Mass. 1985

[Reichsgesundheitsamt], Das Reichsgesundheitsamt 1876–1926. Festschrift aus Anlaß seines 50jährigen Bestehens, Berlin 1926

Renneberg, Monika, Gründung und Aufbau des GKSS-Forschungszentrums Geesthacht. Ein Beitrag zur Geschichte der Großforschungseinrichtungen in der Bundesrepublik Deutschland, Masch. Diss., Hamburg 1989

Reuter-Boysen, Christiane, Von der Strahlen- zur Umweltforschung. Planung, Gründung und Entwicklung der GSF 1957–1972, MS, 1991

Riese, Reinhard, Die Hochschule auf dem Weg zum wissenschaftlichen Großbetrieb, Stuttgart 1977

Ritter, Gerhard A., Sozialversicherung in Deutschland und England. Entstehung und Grundzüge im Vergleich, München 1983

Ritter, Gerhard A., Der Sozialstaat. Entstehung und Entwicklung im internationalen Vergleich, 2. Aufl., München 1991

Rodenwaldt, Gerhart, Archäologisches Institut des Deutschen Reiches 1829–1929, Berlin 1929

Ronzheimer, Manfred, Für europäische Umweltforschung, in: Der Tagesspiegel, 3. 9. 1991, S. 26

Rotta, Julius C., Die Aerodynamische Versuchsanstalt in Göttingen, ein Werk Ludwig Prandtls. Ihre Geschichte von den Anfängen bis 1925, Göttingen 1990

Rudolph, Heinz/Dieter Wrobel, Schwerionenforschung von Weltruf. Ein Besuch bei der GSI Darmstadt, in: Wissenschaft und Fortschritt 40, 1990, S. 267–274

Rusinek, Bernd-A., Leo Brandt (1908–1971), in: Geschichte im Westen 6, 1991, S. 74–90

Sachse, Arnold, Friedrich Althoff und sein Werk, Berlin 1928

Schmalholz, H./L. Scholz unter Mitarbeit von H. Maier, Innovationsdyna-

mik der deutschen Industrie in den achtziger Jahren, in: ifo-Schnelldienst, Jg. 40, 1–2/87, S. 20–28
Schreiber, Georg, Forschungsinstitute, Artikel in: Sacher, Hermann (Hg.): Herder Staatslexikon, Bd. 2, 5. Aufl., Freiburg im Breisgau 1927, Spalten 74–89
Schreiber, Georg, Deutsche Wissenschaftspolitik von Bismarck bis zum Atomwissenschaftler Otto Hahn, Köln und Opladen 1954
Seidel, Robert, A Home for Big Science. The Atomic Energy Commission's Laboratory System, in: Historical Studies in the Physical and Biological Sciences 16, 1986, S. 135–179
Siemens, Werner, Das naturwissenschaftliche Zeitalter, in: Tageblatt der 59. Versammlung deutscher Naturforscher und Ärzte zu Berlin vom 18.–24. September 1886, Berlin 1886, S. 95 f.
Siemens, Werner von, Erinnerungen, 14. Aufl., Berlin 1942
Solla Price, Derek J. de, Science since Babylon, New Haven 1961
Solla Price, Derek J. de, Little Science, Big Science. Von der Studierstube zur Großforschung, Frankfurt/M. 1974
Staab, Heinz A., Die Max-Planck-Gesellschaft in einem sich ändernden politischen Umfeld – Rückblick auf die Jahre 1984 bis 1990, in: Max-Planck-Gesellschaft, Jahrbuch 1990, S. 15–27
Stamm, Thomas, Zwischen Staat und Selbstverwaltung. Die deutsche Forschung im Wiederaufbau, Köln 1981
Stand und Rückstand der Forschung in der Bundesrepublik Deutschland in den Naturwissenschaften und Ingenieurwissenschaften. Eine Analyse der Deutschen Forschungsgemeinschaft, in: Verband der Wissenschaftler an Forschungseinrichtungen, Mitteilungen 2, 1965, 1. 2. 1965
Stern, Fritz, Fritz Haber. Politik und Wissenschaft, in: ders., Der Traum vom Frieden und die Versuchung der Macht. Deutsche Geschichte im 20. Jahrhundert, Berlin 1988, S. 62–89
Szöllösi-Janze, Margit, Geschichte der Arbeitsgemeinschaft der Großforschungseinrichtungen 1958–1980, Frankfurt/New York 1990
Szöllösi-Janze, Margit/Helmuth Trischler (Hg.), Großforschung in Deutschland. Beiträge zur Geschichte eines Forschungstyps, Frankfurt/New York 1990
Todd, Douglas, Synthetic Rubber in the German War Economy. A Case of Economic Dependence, in: Journal of European Economic History 10, 1981, S. 153–165
Treue, Wolfgang/Karlfried Gründer (Hg.), Berlinische Lebensbilder. Wissenschaftspolitik in Berlin. Minister, Beamte, Ratgeber, Berlin 1987
Trischler, Helmuth, Wissenschaft und Forschung aus der Perspektive des Historikers, in: Neue Politische Literatur 33, 1988, S. 393–416
Trischler, Helmuth, Luft- und Raumfahrtforschung in Deutschland 1900–1970. Eine politische Wissenschaftsgeschichte, Frankfurt/New York 1992
Trumpener, Ulrich, The Road to Ypres: The Beginnings of Gas Warfare in World War I, in: Journal of Modern History 47, 1975, S. 460–480

Varcoe, Ian, Cooperative Research Associations in British Industry 1918–1934, in: Minerva 19, 1981, S. 433–464

Vierhaus, Rudolf/Bernhard vom Brocke (Hg.), Forschung im Spannungsfeld von Politik und Gesellschaft. Geschichte und Struktur der Kaiser-Wilhelm-/Max-Planck-Gesellschaft, Stuttgart 1990

Wagenführ, Rolf, Die deutsche Industrie im Kriege 1939–1945, 2. Aufl., Berlin 1963

Wagner, Gustav/Andrea Mauerberger, Krebsforschung in Deutschland. Vorgeschichte und Geschichte des Krebsforschungszentrums, Berlin u. a. 1989

Walker, Mark, Die Uranmaschine. Mythos und Wirklichkeit der deutschen Atombombe, Berlin 1990

Weickert, Carl, Das Deutsche Archäologische Institut. Geschichte, Verfassung, Aufgaben, 2. Aufl., Berlin 1950

Weinberg, Alvin M., Reflections On Big Science, Cambridge 1967

Weingart, Peter, Wissenschaftsplanung und Wissenschaftsbegriff (=Analysen und Berichte aus Gesellschaft und Wissenschaft, hg. vom Institut für Gesellschaft und Wissenschaft 8/1976), Erlangen 1976

Weischedel, Wilhelm u. a. (Hg.), Idee und Wirklichkeit einer Universität. Dokumente zur Geschichte der Friedrich-Wilhelms-Universität zu Berlin, Berlin 1960

Weiss, Burghard, „Großforschung". Genese und Funktion eines neuen Forschungstyps, in: Die geschichtliche Perspektive in den Disziplinen der Wissenschaftsforschung. Kolloquium an der TU Berlin, Okt. 1988, hg. v. Hans Poser u. Clemens Burrichter, Berlin 1988, S. 149–175

Wendel, Günter, Die Kaiser-Wilhelm-Gesellschaft 1911-1914. Zur ‚Anatomie' einer imperialistischen Forschungsgesellschaft, Berlin (O) 1975

Winnacker, Karl/Karl Wirtz, Das unverstandene Wunder. Kernenergie in Deutschland, Düsseldorf 1975

Wise, George/Willis R. Whitney, General Electric and the Origin of United States Industrial Research, New York 1985

Wissenschaft, Wirtschaft, Politik, 14. Jg., Nr. 48 vom 28. 11. 1984

[Wissenschaftsrat], Empfehlungen des Wissenschaftsrates zum Ausbau wissenschaftlicher Einrichtungen, Teil III: Forschungseinrichtungen außerhalb der Hochschulen, Akademien der Wissenschaften, Museen und wissenschaftlichen Sammlungen, Tübingen 1965

[Wissenschaftsrat], Empfehlungen zu Organisation, Planung und Förderung der Forschung, Tübingen 1975

[Wissenschaftsrat], Empfehlung zur Errichtung eines Polarforschungsinstituts vom 1. Juli 1979, in: Empfehlungen und Stellungnahmen des Wissenschaftsrats 1979, Köln 1980, S. 17–40

[Wissenschaftsrat], Empfehlungen des Wissenschaftsrates zu den Perspektiven der Hochschulen in den 90er Jahren, Köln 1988

[Wissenschaftsrat], Empfehlungen zur Zusammenarbeit von Großforschungseinrichtungen und Hochschulen, Drucksache 24/91 vom 29. 1. 1991, S. 90–97

[Wissenschaftsrat], Stellungnahme zu den außeruniversitären Forschungseinrichtungen in den neuen Ländern und in Berlin, Allgemeiner Teil, Drucksache 320/91 vom 5.7.1991

[Wissenschaftsrat], Stellungnahme zu den außeruniversitären Forschungseinrichtungen der ehemaligen Akademie der DDR auf dem Gebiet der Geisteswissenschaften, Drucksache 334/91 vom 5.7.1991

[Wissenschaftsrat], Stellungnahme zu den außeruniversitären Forschungseinrichtungen auf dem Gebiet der ehemaligen DDR im Bereich Agrarwissenschaften, Drucksache 396-399/91 vom 27.9.1991

Zierold, Kurt, Forschungsförderung in drei Epochen. Deutsche Forschungsgemeinschaft. Geschichte, Arbeitsweise, Kommentar, Wiesbaden 1968

Abkürzungsverzeichnis

ABM	– Arbeitsbeschaffungsmaßnahme
AGF	– Arbeitsgemeinschaft der Großforschungseinrichtungen
ASA	– Angewandte Systemanalyse
AVA	– Aerodynamische Versuchsanstalt
AWI	– Alfred-Wegener-Institut für Polarforschung (seit 1986 für Polar- und Meeresforschung)
BDI	– Bundesverband der Deutschen Industrie
BMFT	– Bundesministerium für Forschung und Technologie
CERN	– Conseil Européen pour la Recherche Nucléaire (heute European Particle Physics Laboratory, CERN; Europäisches Laboratorium für Teilchenphysik, CERN)
DESY	– Deutsches Elektronen-Synchrotron
DFG	– Deutsche Forschungsgemeinschaft
DFVLR	– Deutsche Forschungs- und Versuchsanstalt für Luft- und Raumfahrt
DKFZ	– Deutsches Krebsforschungszentrum
DLR	– Deutsche Forschungsanstalt für Luft- und Raumfahrt
DVL	– Deutsche Versuchsanstalt für Luftfahrt
ELDO	– European Launcher Development Organization (Europäische Organisation für die Entwicklung und den Bau von Raumfahrzeugen)
ERP	– European Recovery Program (Marshall-Plan)
ESR	– Experimentier-Speicher Ring
ESRO	– European Space Research Organization (Europäische Organisation zur Erforschung des Weltraums)
EURATOM	– Europäische Atomgemeinschaft
FTTA	– Ausschuß für Forschung, Technologie und Technologietransfer
FuE	– Forschung und Entwicklung
GBF	– Gesellschaft für Biotechnologische Forschung
GfK	– Gesellschaft für Kernforschung
GFZ	– GeoForschungsZentrum
GKSS	– Gesellschaft für Kernenergieverwertung in Schiffbau und Schiffahrt (heute GKSS – Forschungszentrum Geesthacht)
GMD	– Gesellschaft für Mathematik und Datenverarbeitung
GSF	– Gesellschaft für Strahlenforschung (seit 1971 für Strahlen- und Umweltforschung, seit 1990 GSF – Forschungszentrum für Umwelt und Gesundheit)

GSI	– Gesellschaft für Schwerionenforschung
HERA	– Hadron-Electron-Ring-Accelerator
HMI	– Hahn-Meitner-Institut für Kernforschung
IPP	– Institut für Plasmaphysik
KFA	– Kernforschungsanlage Jülich (heute Forschungszentrum Jülich)
KfK	– Kernforschungszentrum Karlsruhe
KWG	– Kaiser-Wilhelm-Gesellschaft
LEP	– Large Electron Positron (Großer Elektronen-Positronen-Beschleuniger)
MDC	– Max-Delbrück-Centrum für Molekulare Medizin
MPG	– Max-Planck-Gesellschaft
MRC	– Medical Research Council
OECD	– Organization für Economic Cooperation and Development (Organisation für wirtschaftliche Zusammenarbeit und Entwicklung)
PTR	– Physikalisch-Technische Reichsanstalt
SIS	– Schwer-Ionen-Synchrotron
UFZ	– Umweltforschungszentrum
UNILAC	– Universal Linear Accelerator
VAfS	– Versuchs- und Ausbildungsstätte für Strahlenschutz
VDEh	– Verein Deutscher Eisenhüttenleute
VdI	– Verein deutscher Ingenieure
WIP	– Wissenschaftler-Integrations-Programm

Bildnachweis

Seite 17: Deutsches Museum München
Seite 18: Deutsches Museum München
Seite 20: Physikalisch-Technische Bundesanstalt Braunschweig und Berlin
Seite 21: Physikalisch-Technische Bundesanstalt Braunschweig und Berlin
Seite 22: Archiv zur Geschichte der Max-Planck-Gesellschaft Berlin
Seite 23: Deutsches Museum München
Seite 24: Archiv zur Geschichte der MPG Berlin
Seite 26: Archiv zur Geschichte der MPG Berlin
Seite 27: Archiv zur Geschichte der MPG Berlin, Photo: Willot
Seite 28: Archiv zur Geschichte der MPG Berlin
Seite 29: Archiv zur Geschichte der MPG Berlin
Seite 30: Archiv zur Geschichte der MPG Berlin, Photo: MPG-Dokumentationsstelle
Seite 31: Archiv zur Geschichte der MPG Berlin
Seite 32: Deutsches Museum München
Seite 33: Archiv zur Geschichte der MPG Berlin
Seite 34: Deutsches Museum München
Seite 36: Deutsche Forschungsanstalt für Luft- und Raumfahrt
Seite 37: Deutsche Forschungsanstalt für Luft- und Raumfahrt
Seite 42: Archiv für Kunst und Geschichte Berlin
Seite 43: Archiv zur Geschichte der MPG Berlin
Seite 44: Archiv zur Geschichte der MPG Berlin, Photo: MPG-Dokumentationsstelle
Seite 45: Archiv zur Geschichte der MPG Berlin
Seite 46: Archiv zur Geschichte der MPG Berlin
Seite 47: Archiv zur Geschichte der MPG Berlin, Photo: Nicola Poescheid
Seite 50: CERN Genf
Seite 53: CERN Genf
Seite 54: Deutsches Museum München
Seite 57: Archiv zur Geschichte der MPG Berlin
Seite 58: Deutsche Forschungsgemeinschaft, Bonn-Bad Godesberg
Seite 59: Deutsche Forschungsgemeinschaft, Bonn-Bad Godesberg
Seite 62: Deutsches Museum München
Seite 63: Archiv zur Geschichte der MPG Berlin
Seite 64: Archiv zur Geschichte der MPG Berlin
Seite 65: Kernforschungszentrum Karlsruhe
Seite 67: Forschungszentrum Jülich
Seite 68: Hahn-Meitner-Institut für Kernforschung, Photo: Ullstein

Seite 69: Hahn-Meitner-Institut für Kernforschung
Seite 70: DESY Hamburg
Seite 71: DESY Hamburg
Seite 73: Max-Planck-Institut für Plasmaphysik Garching
Seite 76: GKSS-Forschungszentrum Geesthacht
Seite 79: Archiv zur Geschichte der MPG Berlin
Seite 81: Gesellschaft für Mathematik und Datenverarbeitung
Seite 82: GSF-Forschungszentrum für Umwelt und Gesundheit
Seite 84: Deutsches Krebsforschungszentrum Heidelberg
Seite 86: Gesellschaft für Schwerionenforschung Darmstadt, Photo: Achim Zschau
Seite 87: Gesellschaft für Biotechnologische Forschung
Seite 90: Alfred-Wegener-Institut für Polar- und Meeresforschung Bremerhaven
Seite 92: Archiv zur Geschichte der MPG Berlin
Seite 109: Fraunhofer-Gesellschaft
Seite 123: GeoForschungsZentrum Potsdam, Photo: Lutz Hannemann
Seite 124: Max-Delbrück-Centrum für Molekulare Medizin
Seite 126: GeoForschungsZentrum Potsdam, Photo: Lutz Hannemann
Seite 127: Umweltforschungszentrum Leipzig-Halle, Photo: N. Neuheiser

Personen- und Sachregister

(Die Angaben in Klammern beziehen sich auf die Anmerkungen, die nur in Ausnahmefällen einbezogen wurden.)